Recomendaciones sobr

"Mi amigo Sergio ha escrito una obra de ar... una fusión no convencional de cabeza y cor... introspectivos que he leído jamás. Al responder las preguntas honestas que todos nos hemos hecho sobre Dios, *Paradoja* crea una conversación entre los lectores y Dios, que es una revelación del corazón, una provocación para el pensamiento, y una transformación de vida. Mientras más lo leía, más descubría al Dios que rompe las reglas."

—*Benny Pérez*
Pastor principal, ChurchLV
Henderson, NV

"Si está listo para romper su *status quo*, interrumpir las creencias legalistas, y derrocar los conceptos equivocados sobre Dios, ¡este es el libro que usted necesita! Inequívocamente, es uno de los mejores libros, escrito por un hombre que ha vivido una vida marcada por reglas rotas de favor y promoción. Cada capítulo es bíblicamente preciso, históricamente explicable, y culturalmente introspectivo. Es imposible leer este libro y ver a Dios de la misma manera."

—*Samuel Rodríguez*
Presidente, Coalición Nacional Hispana de Liderazgo Cristiano
(NHCLC)
Autor, *Ser Luz*

"Mi amigo Sergio tiene un don de 'ilimitar' a las personas. Su nuevo libro nos ayuda a desatar las manos de Dios para que puedan obrar en nuestras vidas. ¡Prepárese para subir a otro nivel!."

—*Obispo Dale C. Bronner, D. Min.*
Pastor principal, *Word of Faith Family Worship Cathedral*
Atlanta, GA
Autor, *Principios y Poder de la Sabiduría*

"Sergio De La Mora en *Paradoja* hace un trabajo brillante y profundo en cuanto a desafiar nuestras perspectivas incorrectas, mientras nos lleva en una travesía bíblica de descubrir a Dios a un nivel más profundo. Hay una libertad que recibimos cuando vemos claramente a Dios por quien Él es. El Padre anhela revelarse a sí mismo a nosotros para que le conozcamos, y entendamos Su naturaleza a un nivel más a fondo. Cada área de nuestras vidas con Dios debe ser desafiada. Tenemos que empezar a verlo correctamente si vamos a experimentar la libertad por la que Jesús pago un alto precio. Dios es excesivo en su amor por ti, extravagante en su perdón hacia ti, y escandaloso en Su gracia para ti. Sergio escribe desde una posición de autoridad que causará un giro en tu vida, porque este es un mensaje que él vive, y por el que ha sido transformado radicalmente."

—*Banning Liebscher*
Fundador y Pastor, Jesus Culture

"Un libro paradójico escrito por un líder paradójico. Me siento honrado de conocer a ese hombre y de poseer este libro. *Paradoja* navega a través de la verdad del evangelio para revelar al Dios que la gracia nos lleva a encontrar. Lea este libro, y aprenda de uno de los mejores."

—*Chris Durso*
Autor, *The Heist: How Grace Robs Us of Our Shame*

"Siempre hemos sabido intuitivamente que debemos estar perdiéndonos algo cuando se trata de entender a Dios. Este libro es, por mucho, el argumento más fuerte aún visto contra el cristianismo mundano que ha plagado nuestra cultura. Sergio habla en una nueva dimensión de relación con Dios que desmantela previas interpretaciones equivocadas sobre Él. ¡*Paradoja* es una de las más importantes contribuciones a la iglesia de hoy!"

—*Miles McPherson*
Pastor principal, The Rock Church
San Diego, CA

PARA·DOJA

EL DIOS QUE ROMPE

LAS REGLAS

SERGIO DE LA MORA

WHITAKER
HOUSE
Español

Traducción al español por:
Belmonte Traductores
Manuel de Falla, 2
28300 Aranjuez
Madrid, ESPAÑA
www.belmontetraductores.com

Editado por: Ofelia Pérez

Paradoja:
El Dios que rompe las reglas

ISBN: 978-162-911-939-7
eBook ISBN: 978-162-911-940-3
Impreso en los Estados Unidos de América
© 2017 por Sergio De La Mora
Sergiodelamora.com

Whitaker House
1030 Hunt Valley Circle
New Kensington, PA 15068
www.whitakerhouseespanol.com

Por favor, envíe sugerencias sobre este libro a: comentarios@whitakerhouse.com.

1 2 3 4 5 6 7 8 9 10 11 12 **ᴡ** 25 24 23 22 21 20 19 18 17

PA·RA·DO·JA

nombre

una afirmación o proposición aparentemente absurda o
contradictoria que cuando se investiga o se explica
puede demostrar estar bien fundada o ser verdad.

Este libro está dedicado en memoria a mi madre, Soledad Sánchez De La Mora, quien se unió a mi padre en el cielo cuando apenas comenzaba a escribir sus primeros capítulos. Cada palabra y cada pensamiento en estas páginas es un testamento a su voz inquebrantable en mi vida que vivirá para siempre. Todo lo que aspiro ser y lograr nació primero en las oraciones y los sueños que mi madre llevaba en su corazón. Ella fue quien me dio la vida, desató mis sueños, y me dijo la verdad, y sin su guía y apoyo, todo esto no nunca hubiera pasado. Te amo Chuchi!

Hay muchas mujeres virtuosas y capaces en el mundo,
¡pero tú las superas a todas!
(Proverbios 31:29 NTV)

ÍNDICE

PRÓLOGO

Conocí a Sergio De la Mora durante un viaje a Sur América. Fue en Medellín, Colombia, para ser preciso. Estábamos allí quizás con 10.000 pastores y líderes de América Latina.

Lo que fue una vez el epicentro del cártel de drogas más notorio, era ahora el lugar de reunión de uno de los movimientos más poderosos del mundo.

La iglesia está viva y bien en una parte del mundo donde la pobreza y la violencia han marcado su historia.

Esto, para mí, dejó una profunda marca en mi vida.

Este es mi mundo.

Esta es mi gente.

Su sangre fluye por mis venas.

Nací en San Salvador, El Salvador. Mi historia comienza en la ciudad más violenta del mundo.

Aunque el español era mi primer idioma, el inglés se ha convertido en mi idioma principal. Fue humillante y frustrante para mí estar hablando con la ayuda de un traductor.

No era que no podía hablar español, sino que no lo hubiera hecho.

De vuelta al relato, allí fue que conocí a Sergio.

Cuando nos encontramos para compartir una comida, me reveló que fue a Medellín para que pudiéramos conocernos. Es algo irónico porque él vive en San Diego, y yo vivo en Los Ángeles. Estoy seguro de que nos hemos cruzado en el pasado, pero fue aquí donde nuestras vidas se fundieron.

Fue en Sur América donde nos convertimos en cómplices.

Ahora que lo conozco estoy sorprendido de que nos tomó tanto tiempo conectarnos.

Fue allí donde él me desafió a vencer mi miedo y mi sensación de insuficiencia en cuanto a hablar en español, y apropiarme de mi herencia cultural.

Fue allí donde me llamó a reconocer quien yo era, y a ser la voz que mi gente necesitaba.

Él habló proféticamente y apasionadamente.

Ahora sé que esto es lo que hace Sergio De La Mora.

Él ve grandeza en las personas, y la llama a expresión.

Él ve más allá de su quebrantamiento, e invoca el potencial.

Él emplaza y moviliza a las personas.

Él hizo lo mismo cuando conoció a mi esposa, Kim. Él la miró, y le habló a su vida. Él le habló a su temor y a su valor. Ella le dijo: "¡Usted no me conoce!".

Esa fue la paradoja.

Él no la conocía, pero la conocía tan bien que ella se sintió intimidada.

Sergio ve cosas rotas, y se siente movido a hacerlas nuevas.

Él recupera aquello que ha sido descartado.

Él encuentra valor donde otros no lo ven.

Sergio es un hombre sorprendente. Aunque ha tenido gran éxito, se describe a sí mismo en el principio de su viaje. Él está, en todos los sentidos, sumamente realizado, pero está determinado, incluso desesperado, a cambiar y crecer. Él se conoce a sí mismo y está cómodo consigo mismo, pero también está entregado a reinventarse.

Él es tanto artista, como empresario.

Él es práctico y poético.

Él siempre está hablando de romper las reglas.

Él está rompiendo sus propias reglas.

Él derrama todo su éxito pasado en el altar, y lo ofrece como sacrificio para el futuro.

Él es una paradoja.

Él ha prosperado en la tradición, y está sediento de innovación.

Él es un mexicano-americano de Santa Bárbara, California.

El hijo de un millonario que se preocupa por los pobres.

Un arquitecto paisajista que aspira a ser un arquitecto cultural.

Un exdeportista de patineta que se siente tan cómodo en la calle, como en el escenario.

Un ex *DJ* que entiende el poder de la música para alcanzar el corazón y moldear una cultura.

Él es un exitoso hombre de negocios y el pastor principal de una de las iglesias de más rápido crecimiento en América.

Él vive y sirve en la intersección de Chula Vista, una de las áreas más opulentas de San Diego, y en National City, una de las más pobres.

Él lidera tanto a los ricos como a los pobres; a los educados y a los que carecen de educación.

Propio de un hispano, utiliza un lenguaje de revolución, pero es una revolución del corazón.

Me encanta cómo Sergio lucha por las personas.

Me encanta la valentía que demuestra cuando persigue una visión.

Me encanta cuán fiel es a sus amigos, aún cuando no se lo merecen.

Me encanta cómo cada pie cuadrado de su casa y su patio tienen una historia, rica en significado y metáfora.

Me encanta que después de todos estos años, aún está apasionadamente enamorado de Jesús y de las personas.

Usted pensaría que conocí a Sergio al final de su viaje, ya que han pasado cincuenta años, pero estoy convencido de que lo he conocido al principio.

De esto estoy seguro.

Lo mejor está aún por venir.

Aunque el pasado ha sido glorioso.

Él lo deja atrás por el futuro.

Esa es la paradoja.

Eso es Sergio De La Mora.

Hacia adelante,
Erwin Raphael McManus

Pastor principal, Mosaic, Los Angeles
Autor, *La Última Flecha*

Los últimos serán los primeros, y los primeros, últimos.

1

REDEFINIR A DIOS

"Se les recordará por las reglas que rompan."
—Douglas MacArthur

Este libro habla sobre el cambio.

No sobre cambiar a Dios, sino cambiar el modo en que lo vemos a Él y, más importante aún, cómo permitimos que Él nos vea.

Seamos honestos: lo más difícil de admitir es cuando estamos equivocados, pero algunas veces sencillamente nos equivocamos. Las ideas, perspectivas y posturas que fluyen a través del filtro de "las reglas religiosas" han dibujado con frecuencia, dolorosamente con demasiada frecuencia, la imagen equivocada de Dios. Tan equivocada, que cuando finalmente oímos de alguna manera la verdad sobre Dios, parece increíble. Absurda. Contradictoria.

Como pastor, la mayoría de las personas que se han alejado de Dios con quienes he hablado, dirían que es debido a que nunca podrían estar a la altura de un conjunto de reglas que se convirtieron en el estándar o el status quo, reglas que ellos simplemente no podían seguir. No porque no quisieran hacerlo. No porque no desearan adherirse a las normas que tenían delante. Y no porque no entendieran las consecuencias de abandonar el camino marcado para ellas. Más bien porque los estándares, las reglas, no concedían espacio alguno para crecer, aprender, y tener éxito desde áreas de debilidad, errores del pasado o imperfecciones.

Por lo tanto, se alejaron de las promesas internas que habían hecho de seguir a Dios, porque simplemente no podían practicar las promesas externas que habían hecho según reglas religiosas. El peso del desaliento y la culpa por las cosas que *no estaban* haciendo bien prevaleció sobre las cosas que *estaban* haciendo bien hasta que, finalmente, les pareció inútil seguir intentándolo.

Para muchos, seguir a Dios se parece a intentar conducir un semi-camión de dieciséis ruedas por un estrecho carril para bicicletas. Sencillamente no hay espacio suficiente para los errores. Podemos intentar convencernos de que podemos caminar en una línea perfecta por un rato, pero es solamente cuestión de tiempo que terminemos perdiendo el equilibrio, y cayéndonos. Una vida encajonada sin oportunidad para aprender mediante la prueba y el error no es solamente incomprensible; es insostenible. Caminar en la cuerda floja de cumplir con las reglas a la perfección no es el tipo de vida que ninguno de nosotros quiere vivir. Más importante aún, no es la vida que Dios *tenía la intención* de que viviéramos. Es una gran equivocación sobre Dios pensar que Él quiere que vivamos perfectamente. ¿Cuán grande? Lo bastante grande para romper a veces nuestras reglas, y sus propias reglas.

Dios nunca quiso que las reglas rigieran nuestras vidas.

A pesar de lo que nos han dicho, Dios nunca quiso que las reglas rigieran nuestras vidas.

De hecho, quiero presentarte una paradoja: una idea, noción y pensamiento sobre Dios, que parece absurda, contradictoria, absolutamente fuera de lo posible. Incluso para algunos, blasfema. O humorística. Cuando hayas terminado de argumentar, reír y dudar, me gustaría presentarte a Alguien a quien puede que no conozcas verdaderamente.

Quiero presentarte a un Dios que rompe las reglas.

MÉTODOS POCO CONVENCIONALES

Una vez escuché una historia sobre América, que nunca aprendí en la escuela. Alrededor de la época de la Guerra de la Revolución, muchas personas estaban convencidas de que América era cualquier otra cosa menos grande. Creían que América estaba poblada por personas y animales de inteligencia inferior, fuerza inferior y capacidad inferior, y estaba condenada al fracaso. La idea, tan ridícula para nuestros oídos ahora, venía de una enciclopedia masiva de historia natural, *Histoire Naturelle*, escrita por el noble francés Conde Georges-Louis Leclerc Buffon. Aunque Buffon en realidad nunca había viajado a América, estaba totalmente convencido de su inevitable decadencia y colapso porque, según escribió, los densos bosques y pantanos hacían que fuera imposible que alguien o algo se desarrollara adecuadamente. Cientos de miles de personas le creyeron, y tuvieron demasiado miedo a intentar forjarse una vida en una nueva tierra.

La enciclopedia de Buffon fue una inmensa crisis de relaciones públicas para la nueva nación de los Estados Unidos de América. A fin de sobrevivir, los Estados Unidos necesitaba desesperadamente una alta inmigración y una floreciente industria comercial. Necesitaba pruebas de que su tierra no estaba degenerada, sino llena de vida y oportunidad.

Un hombre en particular se propuso enderezar lo que pensaba el mundo: Thomas Jefferson. Él sabía que tenía que hacer algo drástico, incluso poco convencional.

Al vivir en Francia en esa época, Jefferson rogó a sus amigos en América que cazaran, filmaran, preservaran, disecaran, y le enviaran a Buffon, atravesando el océano de un lado a otro, un alce gigante, como prueba tangible de la grandiosa selva de América y sus vastos recursos. Jefferson pidió un alce que fuera lo bastante grande para hacer que cualquier otro animal europeo palideciera en comparación, y para mostrar que Buffon era tan necio como su pensamiento. Enviar un animal tan grandioso en tamaño y masa como un alce demostraría de una vez por todas que América no era solamente viable y fértil, sino también muy superior. Cuando por fin llegó a su puerta el inmenso alce de siete pies (2 metros) de estatura, Buffon no pudo negar que sus ideas sobre América eran erróneas. Buffon quedó convencido, y el paso radical de Jefferson comenzó a desenmarañar una idea que podría haber demostrado ser fatal para la emergente nación de los Estados Unidos.

¿Y si te dijera que Dios hizo exactamente lo mismo que Jefferson, miles de años antes? No estoy seguro de su estatura exacta pero, en esencia, Jesús fue el alce de dos metros de altura que fue enviado para cambiar algunas creencias incorrectas sobre Dios.

Una y otra vez pensamos: "No puede
hacerse de esta manera".
Pero Dios dice: "*Se puede*".

A pesar de lo teológicamente irracional que pueda parecer, Dios siempre ha estado dispuesto a desafiar, frustrar y desconcertar los preceptos de las personas mediante métodos poco convencionales. Para un hombre llamado Moisés, Dios rompió las reglas de la naturaleza para separar las aguas del Mar Rojo. Para un hombre llamado Josué, Él rompió reglas ambientales para detener el tiempo en medio de una batalla crucial. Para una mujer llamada Rahab, Él rompió reglas de la sociedad para incluirla en el linaje de Jesús. Para un hombre llamado Saulo que más adelante sería llamado Pablo, Él rompió reglas religiosas para intervenir y cambiar de modo dramático a un hombre que estaba en la misión equivocada. Para una pareja de adolescentes llamados José y María, Dios rompió reglas personales para hacer nacer a su Hijo mediante esta virgen. Una y otra vez pensamos: "No puede hacerse de esta manera". Pero Dios dice: "*Se puede*".

Dios no cambia, y tampoco cambia su Palabra. Pero sus métodos para alcanzarnos cambian constantemente. Un Dios inmutable que cambia o rompe las reglas para encontrarse con nosotros es un absurdo y una contradicción. Pero de hecho, es verdad.

Es una paradoja.

EL DIOS QUE ROMPIÓ MIS REGLAS

En este punto, probablemente debería decirte que soy pastor. Mi trabajo es guiar a las personas hacia una relación con Dios por medio de su Hijo Jesús. Algunos de ustedes deben estar a punto de cerrar este libro simplemente porque soy pastor, y quieren alejarse de otro "libro religioso". Pero hoy, ahora mismo, les pediría que me den una oportunidad. Como alguien que ha ayudado a miles de personas a cambiar el curso de sus vidas, permíteme ser para ti un especialista en cambio que te presente al Dios que rompe las reglas. Dame una oportunidad de dibujar un cuadro de Dios diferente al que tienes en este momento. Camina conmigo en este viaje para descubrir a un Dios que no es el guardián de reglas que la mayoría de las personas creen que es. Dame permiso para mostrarte al Dios que rompió mis reglas.

Yo comencé como un joven que seguía todas las reglas de Dios. Mis padres eran católicos devotos, y me criaron para seguir sus pasos en la fe. Yo era un monaguillo que nunca me perdía un servicio. A pesar de lo que hubiera en nuestros horarios personales, se esperaba que los seis hijos De La Mora asistieran juntos a la misa. Yo conocía *de* Dios, pero tenía muy poca relación *con* Él personalmente. Para mí, Dios era rígido, lineal e inquebrantable en sus reglas. Sentía que Él era estoico y apático hacia mis dolores personales, esperando solo a castigarme por mis errores. Cada ritual y sacramento que tenían intención de acercarme más a Dios, finalmente me alejaban de Él cada vez más, no porque yo sentía que Dios estaba decepcionado de mí, sino debido a mi propia culpa por haberlo decepcionado.

Por fuera, yo desempeñaba mis responsabilidades como monaguillo, pero carecía de la riqueza de relación que veía en la cercanía de mis padres a Dios. Ellos perseveraban, sin temor a las inmensas reglas y estipulaciones de la religión. Era como si su generación pareciera contentarse con obedecer sin tener hambre y pasión por *más* de Dios. Yo me sentía culpable cada vez que rompía una regla, pero no tenía idea alguna de cómo cambiar.

Por dentro, sabía que necesitaba que ese Dios distante cambiara por mí, pero sabía que eso era algo demasiado absurdo que pedir. Ahí estaba yo batallando con demasiados pecados secretos para poder contarlos, incluido un hábito de consumir cocaína. ¿Por qué querría Dios cambiar sus reglas por alguien como yo? No parecía posible.

A los diecisiete años de edad tenía mi propia empresa exitosa de DJ, y estaba a punto de firmar un contrato de grabación de siete años. Pero entonces tuve un sueño que lo cambió todo. En mi sueño, yo estaba de pie ante una bifurcación en la carretera donde había dos señales frente a mí: una leía "éxito del mundo", y la otra leía "ministerio". Oí la voz de Dios que me decía: "Si firmas ese contrato tendrás éxito, pero perderás el propósito para tu vida. Sergio, sígueme".

En ese tiempo yo distaba mucho de ser un hombre calificado para el ministerio. ¡Ese sueño tenía que ser un error! Sencillamente no tenía sentido. Definitivamente, Dios estaría buscando a alguien que *cumpliera* las reglas, y no que *rompiera* las reglas. El Dios que yo conocía nunca hablaría personalmente a un pecador como yo. ¿Dónde estaba en mi sueño el sacerdote que servía como el intermediario entre la santidad de Dios y mi suciedad? ¿Dónde estaba mi lista de penitencias, antes de que pudiera estar lo bastante limpio para ser suficientemente bueno? ¿Dónde estaba el enojado rostro de Dios al que no le importaban mis luchas?

El Dios que conozco es participativo, perdonador, y evidente.

Lo único que sentí fue la invitación de Dios a conocerlo de modo diferente.

Hoy el Dios que conozco es participativo, perdonador, y evidente en mi vida. Él habla a las profundidades de mi corazón, y me conduce a donde Él quiere que vaya, en lugar de hacia donde estoy calificado para ir. Él abre puertas de influencia que antes estaban cerradas para mí y para mi familia. Él quebranta las opiniones, perspectivas y juicios que otros tienen sobre mí, y los que yo tengo de mí mismo, para revelar su misericordioso punto de vista. Cuando tropiezo en mi viaje para entenderlo mejor, Él permanece con los brazos abiertos, en lugar de dar la espalda con desdén y decepción. Él borra las líneas que me separan de Él, y dibuja con trazos más anchos y más grandes *incluyendo* mis debilidades, mis faltas y mis inconsistencias.

A lo largo de los años he vuelto a pensar con frecuencia en aquel joven de diecisiete años, y he reflexionado en cuán distinto veo a Dios ahora. He entendido que no era Dios quien había cambiado; era *yo* quien había cambiado. Fueron mi imagen, mi entendimiento y mis reglas los que habían cambiado. Permití que Dios rompiera en mí las reglas a las que yo, inadvertidamente, había dado permiso para gobernarme. Las reglas que me atormentaban con culpa comenzaron a cambiar a medida que busqué tener una relación con Él como hijo, en lugar de relacionarme con Él mediante la religión.

El curso de mi vida no ha sido uno que refleje un viaje de elecciones y decisiones perfectas y cumplidoras de las reglas. Ha sido un caminar de gracia que ha conducido a un camino más profundo, más abundante y más amplio, sin las reglas estancadas que antes tenía en cuanto a Dios.

Las reglas en mí no fueron las únicas reglas que Dios rompió. A medida que fui confiando en Él cada vez más, y fui ampliando mi perspectiva sobre Él, Él comenzó a romper reglas culturales, sociales y religiosas *para* mí también. Yo soy el clásico ejemplo de un hombre sin entrenamiento formal al que Dios encontró, Dios cambió, ¡y ahora es usado poderosamente por Él de maneras que solo pocos habrían imaginado que fuera posible!

Después de tres décadas de caminar con Dios, he entendido que Dios no es solamente el Dios que establece las reglas. Él es también el Dios que *romperá las reglas* por ti. Me doy cuenta de que la idea de alentar a las personas a creer en un Dios que rompe las reglas es una paradoja para un pastor, pero el Dios que he llegado a conocer no tiene miedo a romper las reglas para ayudarnos a cambiar lo que parece inmutable. Él mismo no está por encima de romper algunas reglas por nosotros.

¿BLASFEMIA?

Pero ¿por qué? ¿Por qué querría Dios romper las reglas? ¿Acaso no querría Él lo contrario? ¿No es Dios un guardián de reglas, y no un infractor de reglas?

En la mente de la humanidad, pensamos en reglas como algo "bueno", y en romperlas como "malo". Por eso romper reglas es sinónimo de palabras negativas como *desafío* y *rebeldía*. La perspectiva de Dios, sin embargo, es diferente. Él no desea la abolición de las reglas, pero sí desea la destrucción de cualquiera y todas las barreras que impidan que lo conozcamos a Él, y vivamos verdaderamente la vida para la cual Él nos creó.

Cuando era un muchacho de diecisiete años, David en realidad no era otra cosa que un sucio campesino. Su propia familia no veía grandeza alguna en David, y sus hermanos lo consideraban un buscapleitos arrogante. Estaba lejos de ser un rey, lejos de ser un líder, lejos de la promoción, pero debido a que no estaba lejos de Dios, nada pudo detenerlo.

Su toma de posesión no fue exactamente lo que se esperaría del siguiente rey. En realidad fue una aventura secreta bajo pretensiones falsas, un engaño que Dios permitió. Nadie esperaba que David fuera el líder que finalmente llegaría a ser. Tenía las calificaciones equivocadas, el linaje familiar equivocado, y la reputación equivocada. Todo sobre David parecía equivocado, pero para Dios, todo sobre David era correcto. Él vio a un hombre cuyo corazón pertenecía a Dios.

Y debido a que Dios decidió promoverlo, la vida de David fue una paradoja continua. Desde el primer momento en que Dios escogió llamarlo, se rompieron las reglas. Durante el curso de su vida, David llegó a convertirse en uno de los mayores líderes, pese a que cometió un error tras otro. Aunque Dios privilegió a David, no pasó por alto las acciones de David. Dios no le dio a David luz verde para hacer lo que quisiera, pero sí utilizó su vida como un ejemplo para decir: "Permíteme cambiar el modo en que me ves para que puedas ver *todo de mí*".

Mientras la idea de que Dios sea un "infractor de reglas" puede parecer atroz, creer que Dios rompería reglas *por nosotros*, personal e individualmente, sería aún más absurdo. A lo largo de este libro utilizaremos la vida de David para ver las razones por las cuales Dios rompió las reglas, y cómo quiere hacer lo mismo en nuestras vidas hoy. Dios siempre ha *querido* una relación, pero no *forzará* la relación, especialmente si nos aferramos con más fuerza a un sistema de reglas, de lo que nos aferramos a Él. Él esperará hasta que estemos preparados para cambiar nuestro modo de verlo a Él, de pensar en Él y de entenderlo a Él.

Con demasiada frecuencia, una imagen incorrecta y tradicional de Dios nos conduce a formar reglas internas sobre Él, sobre nosotros mismos, y sobre otros que distorsionan nuestras perspectivas. Proclaman afirmaciones como: "Dios no puede", "Dios no lo hará", y "Dios nunca". Eventualmente, esas declaraciones internas evolucionan hasta decir: "No puedo, no lo haré, y yo nunca". Tales aseveraciones evitan que avancemos, y rompamos temores y restricciones autoimpuestos para ver cambios en las diferentes áreas de nuestra vida. Esas limitaciones personales que nos obstaculizan se convierten en una cárcel que nos encierra en una vida que creemos que debemos vivir.

Las reglas nunca tuvieron la intención de controlar a las personas.

La ironía está en que las reglas nunca tuvieron la intención de controlar a las personas. Nunca fueron creadas para definir a Dios en nuestras vidas. Las reglas tenían la intención de crear estándares. Encontramos a Dios en las páginas de su Palabra y en el ser de su Hijo, no en un conjunto de reglas. Pero en los siglos transcurridos desde la resurrección de Cristo, las reglas se han convertido en sinónimo de religión cuando se dibujaba la imagen de Dios con un pincel de "qué hacer" y "qué no hacer". Y cada vez más personas se alejaron de Dios y del plan que Él tenía para sus vidas. Se retiraron hacia la idea de que preferían establecer sus *propias* reglas para su vida, en lugar de seguir las de Dios.

Tenían una idea equivocada de Dios.

INDIGNA NUNCA MÁS

Cuando vi a Anna por primera vez, ella acababa de salir de la cárcel. Cuando era niña, Anna había asistido a la iglesia todos los domingos, y recordaba claramente la maravilla de una fe infantil para creer cualquier cosa. Pero a lo largo de los años, debido a un sentimiento de culpa y temor, había decidido alejarse de Dios. Durante más de veinte años había batallado con una adicción que finalmente le hizo perderlo todo, incluidos sus dos hijos. Su confianza y esperanza en la vida quedaron tronchadas, y los sueños que una vez tuvo de seguir una carrera en la profesión legal habían desaparecido hacía mucho tiempo. Su estilo de vida, imprudente e insensato, había dejado una marca irreversible en su salud. Ahora con el diagnóstico de una enfermedad terminal, atravesó las puertas de nuestra iglesia en busca de cualquier indicio de la fe que una vez conoció, un cascarón vacío de la mujer que antes había sido. Recuerdo mirar sus ojos oscuros y sin vida, y estar cara a cara con el dolor que no parecía tener fin ni principio.

Toda su vida había roto reglas que habían quebrantado a su familia, habían quebrantado su espíritu, y habían quebrantado su futuro. A pesar de cuánto le hablaba sobre esperanza y cambio, era evidente en su rostro que ella no creía que yo pudiera estar hablando sobre *su* vida. Había domingos cuando le daba la mano y ella estaba sobria, y había otros domingos cuando le daba la mano y estaba drogada. Titubeaba de un lado a otro entre su fe, y su realidad como adicta. Había brechas en su asistencia semanal cuando yo sabía que estaba demasiado enferma, demasiado drogada, o tenía demasiados problemas con la ley para asistir, pero seguíamos orando y creyendo. Eventualmente, ella siempre regresaba.

Un domingo me enteré de que Anna estaba en el hospital. Los médicos habían descubierto una masa grande en su riñón que necesitaba extirparse, pero no había garantía de que ella pudiera salir viva de la operación. Los médicos temían que su cuerpo no tuviera la funcionalidad para sobrevivir a la cirugía, aunque era necesario extirpar la masa. Parecía ser una historia con un inevitable final triste. Cuando la visité en el hospital, Anna me miró con una expresión de resignación y derrota. Las primeras palabras que me dijo fueron: "Este es mi castigo. Estoy recibiendo lo que me merezco". Parecía resuelta a morir, la operaran o no.

Fue brutalmente doloroso intentar convencerla de que Dios aún podía cambiar su historia. Su principal argumento era: *"¿Por qué?"*. ¿Por qué querría Dios salvar a alguien como ella cuando obviamente ella había hecho cualquier cosa menos seguirlo a Él? Me discutió que aunque creía que Dios *podía* hacerlo, dudaba mucho que lo *hiciera*. Con cada fibra de su ser se sentía descalificada, no merecedora, e indigna del milagro. Corrían lágrimas por su rostro, y miró la habitación vacía del hospital preguntándose cómo podría Dios intervenir a favor de ella cuando ni siquiera su propia familia lo había hecho. Oré con ella esa noche, y después me fui a casa. Lloré durante todo el camino de regreso a casa sabiendo lo que ella sentía, pero incapaz de convencerla de otra cosa. En ese momento yo era un joven pastor, y fue el viaje en auto más largo de mi vida.

Unos días después regresé al hospital para ver cómo estaba Anna. Su habitación estaba oscura, y la cama estaba vacía. Temiéndome lo peor, pregunté a las enfermeras qué había sucedido. Afortunadamente, me dijeron que acababan de dar el alta a Anna. Al no tener forma alguna de contactar con Anna, no estaba seguro de qué pensar, de modo que seguí orando. Dos domingos después, observé mientras Anna subía con cuidado y cautela las escaleras que conducían a nuestros servicios. Sus ojos estaban cansados y desgastados, pero vi algo que no había visto antes. Había *vida* en sus ojos. Me acerqué y le di un abrazo, inseguro de qué preguntar o decir. Ella sonrió lentamente, y dijo dos palabras: "No está". Me quedé sin palabras, y comencé a expresar gratitud por su exitosa cirugía, pero ella me detuvo rápidamente. "No me operaron. Ya no está. Desapareció. Ya no pueden encontrar nada." Los médicos no podían explicarlo, pero yo sabía que Dios había roto las reglas de la ciencia médica por esta mujer.

Ella no dijo mucho durante esas primeras semanas, pero su rostro estaba cambiado cada vez que la veía. Su decisión de vivir se iba haciendo cada vez más fuerte, mientras comenzaba a aceptar lentamente el milagro que Dios le había dado. Años después, regresó otra vez a mí con esa sonrisa lenta, y dijo las mismas palabras: *"No está"*. Incrédulo, de nuevo me quedé sin palabras delante de ella. Los últimos resultados de los análisis habían revelado que ella ya no mostraba en su cuerpo ninguna señal de la enfermedad terminal.

Nada. Ninguna célula infectada. Nada. Eso fue diez años atrás, y en la actualidad ella sigue siendo un milagro médico. ¡Vamos!

Si la historia de Anna hubiera sido de una niña moribunda o una filántropa en la comunidad, podría tener más sentido la razón por la que Dios rompería las reglas por causa de ella. Pero que Dios hiciera tanto por alguien a quien la sociedad consideraba "indigna", ¡es una paradoja!

Quizá Dios vio a la mujer que Anna llegaría a ser si tan solo creía en un Dios que la amaba, la aceptaba, y creía en ella más que en sus reglas. Entonces, el mayor milagro para Anna aparentemente fue tener una segunda oportunidad en la vida físicamente. Pero yo argumentaría una perspectiva distinta: el mayor milagro que Dios le dio a Anna fue la *fe* para creer en Él, de un modo que superaba cualquier limitación, impedimento, y obstáculo. Las semillas de fe que Él plantó mediante su milagro médico crecieron cuando su relación con sus hijos fue restaurada. Y crecieron aún más cuando Dios comenzó a usarla para hablar a otras mujeres que tenían historias similares. Y entonces crecieron aún más cuando comenzaron a abrirse puertas de oportunidad para empleos que antes habían estado cerrados para ella debido a su pasado.

Ante los ojos de Dios, la persona perfecta por quien romper las reglas es la persona más imperfecta ante nuestros ojos.

Años después, ella me dijo que siguió regresando a nuestra iglesia porque nunca antes alguien le había hecho sentir que no importaba dónde hubiera estado o lo que hubiera hecho. Conociendo mi propia relación con Dios y las reglas que Él había roto por mí, verdaderamente creo que Dios rompió mis reglas para que yo pudiera presentarle a Anna al Dios que rompería sus reglas. La fe que antes decía que Dios no haría cosas por ella, ahora decía que Dios no dejaría de hacer cosas por ella. Él no buscaba una persona perfecta para hacer un milagro perfecto. Por desconcertante que pueda parecer, es como si ante los ojos de Dios, la persona perfecta por quien romper las reglas es la persona más imperfecta ante nuestros ojos.

CAMBIAR EL MODO EN QUE VES A DIOS

Este pensamiento sacude el fundamento de cómo vemos a Dios. Significa que la esencia de una relación con Dios no está basada en el mérito o la adhesión a reglas, sino solamente en la fe. El hecho de que Dios haría milagros locos y poco convencionales por los justos y los impíos por igual, empaña nuestro rígido entendimiento de Dios. Ya no está tan claro como el agua a quién Dios ascenderá, promoverá, y favorecerá. Las reglas de combate han cambiado para siempre. Ahora la inclusión de Dios nos califica a *todos* para que nuestras reglas sean rotas.

> Ninguna regla pudo cambiar su amor y
> su plan para tu vida hace siglos,
> y ninguna regla puede detenerlo hoy.

Pero esta vida inclusiva que Dios quiso para nosotros es posible solamente cuando le permitimos que Él rompa las reglas o promesas internas a las que nos hemos aferrado por tradición y obligación. Estas reglas internas ofrecen poca ayuda para conquistar las verdaderas batallas internas de derrota, decepción y desaliento que todos enfrentamos en un momento u otro. Dios quiere mostrarnos a ti y a mí que Él nos ama, nos acepta y quiere favorecernos, independientemente de nuestros méritos, obras, o incluso la obediencia a las reglas. Él sencillamente nos quiere. Todo de nosotros, con cada uno de nuestros complejos, problemas y errores.

La paradoja de la persona de Dios que rompe las reglas es un aspecto de Él que todos necesitamos.

Dios rompió las reglas hace dos mil años, antes de que naciera ninguno de nosotros, para mostrarnos cuán profunda y grandemente nos quería. Él saturó la tierra con su gracia para eliminar todo argumento en nuestro interior que nos impidiera vivir la vida que fuimos llamados a vivir. Por medio de estas páginas, Él te revelará quién fuiste llamado a ser, destinado a ser, a pesar de las promesas internas y externas a las que te hayas aferrado, y que necesitan ser rotas. Ninguna regla pudo cambiar su amor y su plan para tu vida hace siglos, y ninguna regla puede detenerlo hoy.

Toma un momento y piensa en las reglas que has albergado por tradición, expectativa o religión. ¿A qué reglas te has aferrado por temor a defraudar a Dios, a ti mismo o a otras personas? ¿Qué "verdades" te han mantenido cautivo, y lejos de la vida que siempre has anhelado? Cuando comiences a evaluar sinceramente tu propio manual de reglas, comenzarás a ver las reglas que ahora necesitan ser rotas. Quizá son reglas sobre el amor de Dios por ti. Tal vez son reglas sobre lo que estás o no estás calificado para poseer en la vida. O quizá es un conjunto de reglas sobre otros que ha levantado un muro entre ellos y tú. Cualesquiera que hayan sido las reglas, es momento de descubrir al Dios que quiere romperlas.

Independientemente de dónde esté ahora tu relación con Dios, puede cambiar ahora mismo.

Para aquellos que nunca han tenido una relación con Él, un encuentro con este Dios da comienzo a una conversación con Él que es el principio de una relación verdadera. Es el punto de inicio para ver a Dios como real, relevante, y que te responde personalmente. Es el lienzo en blanco que necesitas para verlo a Él de modo diferente al de los rumores que has oído sobre Él. Es el comienzo totalmente nuevo que has necesitado, pero sentías que nunca podrías obtener. Es lo que siempre has deseado, pero nunca pudiste señalarlo concretamente.

Para aquellos que han tenido una relación con Dios, pero se han alejado o han batallado para acercarse más a Él, es la llave para todo lo que han intentado abrir. Es la verdad de fe que supera a la verdad de las reglas con las que has luchado. Es la luz verde para *ir* a donde nunca antes has estado, a fin de tener acceso a cosas que antes solo podías soñar. Es el camino menos transitado que abre tus ojos para ver lo milagroso, lo inexplicable, y lo inconcebible. Independientemente de dónde esté ahora tu relación con Dios, puede cambiar ahora mismo. Lo único que tienes que hacer es permitirle a Él. Cualquier sistema de creencias, perspectivas y opiniones que tengas sobre Dios al comienzo de este libro no serán los mismos que tendrás al final de este viaje. Creo que en la última página estarás más convencido que nunca antes de quién es Él, y quién eres tú para Él.

Permíteme presentarte al Dios que puede que no conozcas. Él es el Dios que te creó, te formó, y te llamó antes de que respirases por primera vez. Él es el Dios que no está enojado contigo por las cosas que has hecho, que no hiciste, o incluso las cosas que *harás*. Él es el Dios que te ama incondicionalmente, sin importar si tú lo amas a Él. Él es quien ordenó cada día de tu vida, y te marcó con dones, talentos y habilidades para cumplir tu propósito. Y Él es el Dios que rompió las reglas para conocerte.

El adúltero y asesino puede ser el
"hombre conforme al corazón de Dios".

2

LA BATALLA ENTRE GRACIA Y VERDAD

"La verdad hace deseable la Gracia.
La Gracia hace a la Verdad responsable."
—Anónimo

Hoy día, hombres y mujeres raramente desempeñan solo un papel. Cambiamos constantemente de sombrero durante el transcurso de un día. Somos padres, jefes, directores generales, deportistas, estudiantes, amigos, mentores y más, todo simultáneamente. La idea de que una persona haga solo "una cosa" es un concepto incomprensible. Nos guste o no, cuanto más equipados estemos para manejar con éxito la dualidad, mejor nos va en la vida. Somos más flexibles en esta sociedad del siglo XXI que nunca antes.

Por lo tanto, esta es mi pregunta: si esperamos que nosotros mismos y nuestra sociedad seamos tan flexibles, ¿por qué esperamos que nuestro Dios tenga solo un rostro, un propósito y una faceta?

Él no es solo "una cosa".

A todos los cristianos les gustan versículos como Hebreos 13:8, que nos dice que Jesús es el mismo ayer, hoy y por siempre. Quizá porque la vida moderna avanza a un paso tan acelerado, parece que queremos, esperamos, y suponemos que Dios seguirá siendo inmutable y constante. Queremos un Dios sin sorpresas ni cambios de planes; queremos el consuelo de saber que en este mundo siempre cambiante, Dios es el mismo. El problema con este tren de pensamiento es que da algo por sentado. Cuenta con la creencia de que lo que conocemos de Dios, Jesús y el cristianismo es *todo* lo que hay que conocer. Estamos suponiendo que vemos el cuadro completo, y que conocemos todas las piezas móviles. Yo creo enfáticamente en la autenticidad de Hebreos 13:8, así como en toda la Biblia, pero también sé que no conozco todo lo que hay que conocer de Jesús.

Es esta realidad la que da permiso a Dios para romper las reglas a las que yo me aferraba *ayer*, y presentar *hoy* nuevas verdades que moldearán e influenciarán mi *mañana*. Esto le permite darnos una verdad más completa que cubre las medias verdades que yo entendía antes.

Cuando me convertí en cristiano por primera vez, creía que Dios quería de mí la perfección. Me aferraba fuertemente a la idea de que a Dios solamente le agradaría una conversión completa y radical que incluyera una política de no devoluciones sobre mi antigua vida. Estaba profundamente agradecido por la oportunidad que Dios me había dado de comenzar de nuevo con Él, pero sentía esta inmensa presión de asegurarme de no estropearla. Verás, yo fui el primero en mi familia en convertirme del catolicismo al cristianismo, y todos estaban esperando ver si mi conversión era legítima. Si no caminaba de forma distinta, entonces la gracia que me llevó a una relación con Jesús no hubiera sido creíble.

Al comenzar a entender más de Dios, me di cuenta de que Dios no quería de mí una vida perfecta. Solo quería saber que yo estaba dispuesto a dejar que su gracia y su verdad obraran en mi vida.

AMBOS/Y

Considerando que nuestros trasfondos y experiencias son todos diferentes, pongámonos de acuerdo en algunas definiciones prácticas para los términos "verdad" y "gracia", a fin de que todos estemos en la misma página.

Verdad es cualquier cosa que se origine y correlacione con el carácter revelado de Dios, su autoridad, voluntad y existencia. En términos básicos, verdad es la representación de quién es Dios para la humanidad. Si la verdad viniera de cualquier otro lugar que no fuera Dios, ¿por qué todas las búsquedas religiosas para interpretar la verdad siempre nos llevan de vuelta a Dios? Los que buscan la verdad inevitablemente traen a Dios al escenario del debate, porque intentar explicar o refutar la verdad sin hablar sobre Él es como intentar explicar la respiración sin respirar. Dios y la verdad son sinónimos.

La verdad nos ayuda a conocer quién es Dios; la gracia nos ayuda a entender quiénes somos para Él.

Gracia, por otro lado, es la respuesta de Dios a nuestro mal uso, mal entendimiento y maltrato de su verdad. La gracia es el mérito inmerecido a expensas de Cristo. En términos básicos, la gracia es la representación del infinito amor de Dios hacia la humanidad. La verdad nos ayuda a conocer quién es Dios; la gracia nos ayuda a entender quiénes somos para Él.

A menudo hablamos del término *gracia* como una forma de expresar un perdón para una ofensa. Es nuestra forma de decir que perdonamos lo que nos han hecho. ¡Esta definición de gracia en verdad es errónea! Lo que realmente estamos expresando es misericordia, no gracia. *Misericordia* es retener lo que uno sí merece, mientras que *gracia* es recibir lo que uno no merece. La esencia más veraz de la gracia habla más de favor, promoción y acceso, que de perdón o exención.

La cruz dibuja un cuadro de misericordia y gracia que ejemplifica perfectamente los papeles que cada una juega en nuestras vidas. Nuestros pecados
ganaron para nosotros la cruz, y aún tenían que ser castigados, así que la
misericordia tuvo que intervenir. La misericordia nos quitó las consecuencias reales, serias y dolorosas, y en cambio las puso sobre Cristo. Entonces,
la gracia intervino. Fue la misericordia lo que llevó a Jesús a la cruz, pero fue
su gracia la que nos dio el permiso de vivir más allá de la cruz. Antes de que
pudiera haber gracia, primero tuvo que haber misericordia.

La gracia nunca dice que no *merecemos* la cruz. Más bien, la gracia dice que
podemos ocupar el lugar de Jesús al lado de Dios, porque Él tomó nuestro
lugar en la cruz. La gracia nos favoreció y nos promovió para tener una relación con Él, en vez de dejarnos al pie de la cruz. La misericordia nos cubrió,
y la gracia nos promovió.

Cuando entendemos y aceptamos la verdad de la gracia comenzamos a ver
la gracia no como un pase gratuito para salir de la cárcel, sino como un pase
gratuito hacia una promoción. Lo que antes veíamos como verdad ha sido
expuesto por una verdad mayor, del mismo modo que las verdades que creías
cuando eras niño probablemente hayan cambiado con los años y la madu-
rez. Dudo que alguno de nosotros aún ponga los dientes de leche debajo de
la almohada, o escriba una carta al hombre del Polo Norte en diciembre.
En otras palabras, la verdad según nosotros no es siempre la misma que la
verdad según Dios. Su verdad es la verdad más grande que expone lo que
percibimos como verdad. Como Él dijo: "—Yo soy el *camino, la verdad y la
vida* —le contestó Jesús—. *Nadie llega al Padre sino por mí*". (Juan 14:6 NVI)

Ahora bien, eso puede parecer sectario o extremo si no tienes una relación
con Él, pero recuerda que la verdad no solo describe el carácter de Dios, sino
también describe su verdadera persona. Dios es verdad, y por eso conocer
la verdad depende de creerle a Dios. Aunque pueda parecer mucho pedir,
considera esto. Todos nosotros unimos la "verdad" a la "confianza" en casi
todos los aspectos de nuestra vida. Leemos libros de expertos y especialistas,
y aceptamos sus hallazgos como verdad suficiente para al menos probar sus
métodos y enfoques en todo, desde los negocios hasta la crianza de los hijos.
Aceptamos de buen grado que ellos son los expertos, así que confiamos en
ellos. Asistimos a instituciones de educación bajo la premisa ampliamente

aceptada de que nos están enseñando la verdad. Aceptamos lo que se nos está enseñando como verdad, porque confiamos en quien la está comunicando.

De forma similar, si no conocemos a Dios y confiamos en Él, lucharemos con aceptar su verdad. Las personas que batallan con aceptar la verdad de Dios como su verdad personal a menudo tienen una relación limitada o inexistente con Dios que les garantice la confianza en Él. Pero cuando tú y yo dejamos que Dios rompa nuestras reglas sobre la verdad y la gracia, encontramos características de Dios que nunca hubiéramos conocido de otro modo.

Pensemos en Abraham.

En el libro de Génesis leemos acerca de un hombre que defendió la verdad de Dios, y por eso fue llamado justo. Caminaba con Dios por la costa, y tenía conversaciones íntimas con Él que nosotros solo podríamos soñar con tener hoy. Confió en la verdad de las promesas de Dios con una fe tan absoluta que estuvo dispuesto a trasladar a su familia de todo lo que habían conocido, hasta una tierra donde él era solo un extranjero. La confianza de Abraham en la verdad de Dios era tan profunda que, después de todo eso, cuando Dios entonces le pidió hacer lo *impensable*, obedeció de buena gana.

Ahora bien, si no conoces esta historia, déjame explicarte la impensable petición de Dios en el contexto más honesto: Dios le dijo a Abraham que asesinara a su único hijo.

Pero incluso más inconcebible es el hecho de que este era el hijo que supuestamente sería el comienzo de toda una nueva nación. Dios le había dicho a Abraham que sería el padre de multitudes, que sus descendientes finalmente serían más numerosos que la arena del mar, comenzando con su hijo Isaac. Pero ahora tenemos aquí a Dios diciendo a Abraham que matara el mismo regalo que Él le había prometido. Aquí está el Dios que dice: "No matarás", diciéndole a Abraham que mate a su propio hijo. Increíble. Absurdo. Contradictorio. ¿Cómo puede esto estar bien para Dios?, pensamos. ¡Esto es paradójico!

Yo tengo seis hijas, y tengo que ser sincero contigo. Yo no sería capaz de obedecer una petición como esa. No sería capaz de aceptar como verdad la dirección de Dios de asesinar. *Querría* seguir las reglas de Dios, pero honestamente, no podría. Entonces, ¿cómo y por qué lo hizo Abraham? La Biblia nos da una pista sobre la fe de Abraham: *"Abraham llegó a la conclusión de que si Isaac moría, Dios tenía el poder para volverlo a la vida".* (Hebreos 11:19)

Desde donde estoy, es una apuesta muy arriesgada. Desde donde estaba Abraham, debió sonar como cualquier otro mandato de Dios. ¡Eso es tener una cantidad increíble de confianza en la verdad del carácter de Dios! Así que aquí tenemos a Abraham en Génesis 22 subiendo por un monte con su hijo Isaac, quien lleva en su espalda la leña sobre la que morirá. Abraham edifica el altar, ata a su hijo, y tiene el cuchillo en el aire listo para clavárselo a Isaac, cuando Dios interviene desde el cielo y le dice que se detenga. En los arbustos aparece un cordero para ser sacrificado en su lugar.

Lo que me asombra de esta historia es que en cuanto Dios aparece en escena, y cancela su increíble mandato, la primera respuesta de Abraham es reconocer una característica de Dios que no conocía previamente (ver Génesis 22:14). No estalla de júbilo o celebración por la vida de su hijo. No maldice a Dios por probarle de una manera tan insana. No, su primera respuesta es reconocer una nueva verdad sobre Dios y su carácter. No es la verdad que conocía al pie de la montaña, sino una verdad mayor sobre la provisión de Dios que solo pudo encontrar en la cima del monte. Él se encuentra con una verdad *revelada* acerca de Dios que no podría haber experimentado sin acercarse tanto al dolor, la tragedia, y la muerte.

Ese día en el monte Moriah, Abraham encontró la *verdad* de las promesas de Dios. Y en ese mismo monte miles de años después, Jesús moriría en una cruz para que nosotros pudiéramos encontrar la *gracia* de las promesas de Dios.

Piensa ahora en tu propia vida, y en algunas de las encrucijadas dolorosas que has conocido, como un momento que te enfrentó a algo que creías que era totalmente cierto, aunque no tenía lógica alguna. Ese preciso momento fue y es una oportunidad para que conozcas una nueva revelación de Dios en tu vida que sobrepasa a todas las nociones previas de quién conocías que era Él. Si ese momento llegó con la creencia de un sueño al que sentías que tenías que renunciar, Dios quiere intervenir para ser quien construya tu sueño. Si ese momento ocurrió en una relación que dejaste, bien por decisión propia o por alguna circunstancia, hay un restaurador de relaciones en Dios al que tienes que conocer. Si ese momento llegó en una experiencia dolorosa que se convirtió en algo completamente distinto a lo que esperabas, hay un sanador en Dios que existe para tu beneficio. Al margen de las encrucijadas en las que hayas estado, Dios quiere que sepas que Él está listo para aparecer e intervenir. Y no solo en los típicos lugares que quizá esperarías, como la iglesia o un estudio bíblico. Dios está listo para aparecer en el trabajo, en la escuela, y en casa. Incluso está listo para aparecer donde menos lo esperarías: en un bar, un club, una celda de la cárcel, una sala de juntas, o incluso en una residencia de ancianos. Dondequiera que *tú* estés es donde Él irá para mostrarte más de sí mismo, de su gracia y de su verdad.

Dios quiere que sepas que Él está listo para aparecer e intervenir.

Si Dios es todo verdad para ti, la gracia será reemplazable. Si Dios es todo gracia para ti, la verdad no será significativa. Si vives estrictamente por lo que percibes que es "correcto", entonces comenzarás a pensar que *tú* tienes razón, y al final te verás tentado a ponerte en el lugar de Dios. Con esta perspectiva, es solo cuestión de tiempo hasta que pierdas de vista la constante necesidad de gracia. Por otro lado, si vives tan convencido de que no importa lo que haces o crees porque la gracia ilimitada de Dios lo cubre todo, entonces vivirás sin seguir ninguna pauta. Pensarás: *La gracia lo cubre todo; por lo tanto, ¿para qué sirven las reglas?* Con esta perspectiva, perderás de vista la necesidad de la consistente fuerza de la verdad de Dios que guía tu vida.

Ambas perspectivas son erróneas. La idea detrás de ambas filosofías fijas es que la gracia erradica la verdad, o viceversa. Pero necesitamos gracia *y* verdad. La verdad sin la gracia en cualquier área de nuestra vida puede llevarnos al legalismo, mientras la gracia sin verdad puede llevarnos al antinomianismo, o *anti-ley*.

La gracia no puede existir sin verdad, y la verdad no puede existir sin gracia. Hay una unión entre la gracia de Dios, su amplio, misericordioso y favorecedor amor; y su verdad, su cercana y justa honestidad que todo lo ve. Si tienes una relación con Dios, sabes que dondequiera que aparezca la verdad, la gracia también está a la vuelta de la esquina. Si no tienes una relación con Él, y solo te has encontrado con su verdad, la gracia quiere aparecer por la esquina para encontrarse contigo ahí donde estás, del mismo modo que se encontró con David.

GRACIA EN LUGAR DE CULPA

David fue llamado un hombre conforme al corazón de Dios, y sin embargo también fue el hombre que cometió adulterio y asesinato. ¿Cómo pueden ser estas las dos caras de una misma moneda? Porque Dios promovió a David, no sus pecados. Él protegió a David, no sus fallos. Favoreció a David, no sus debilidades. Dios vio a David a pesar de David. Dios vio la verdad del carácter de David y las áreas que aún eran imperfectas, pero también vio quién era David por dentro. Vio que David anhelaba genuinamente agradarle, pero le costaba vivir en base a la verdad de esa realidad. Cada vez que David cometió un error, Dios le recordó quién era realmente, y no quien sus malas decisiones le decían que era.

Lo que Dios puede hacer *en* ti por gracia,
Él puede hacerlo por gracia *a través* de ti.

La *gracia* obró en David para confrontar las incoherencias que había en él que no reflejaban el verdadero hombre que había en su interior, mientras que la *verdad* obró en él para confrontar su humanidad, que constantemente le hacía ser consciente de su constante necesidad de Dios. El rey dentro de David nunca podría haber sido formado sin la ayuda de la verdad y de la gracia.

Al igual que David, muchos de nosotros queremos tener una relación con Dios, y seguir sus reglas, pero las incoherencias y la independencia en nosotros nos hacen sentir que Dios no nos ve. Pero Dios te ve a pesar de ti. Su gracia y su verdad obran en ti para promoverte, protegerte y favorecerte, a pesar de tus pecados, defectos y errores. Dejar que Dios rompa las reglas de verdad en ti para presentar la gracia, actúa como una plataforma fundamental para que Él pueda comenzar a romper las demás reglas que han limitado tu creencia en Él.

Lo que Dios puede hacer *en* ti por gracia, Él puede hacerlo por gracia *a través* de ti.

Para la mayoría de nosotros, el paradójico amor de Dios es difícil de creer. De entre todos, Dios nos ha visto en nuestros peores momentos. Sin embargo, aunque tendría el derecho de castigarnos por violar sus reglas una y otra vez, en su lugar escoge romper las reglas Él mismo, para acercarnos de nuevo a Él. Piensa en la mujer adúltera en el libro de Juan que fue menospreciada, y legítimamente acusada de violar la ley levítica. Leemos en las Escrituras que se alejó ilesa de sus condenadores porque Jesús decidió romper las reglas para ella (ver Juan 8:1-12). Todos somos como esta mujer de una manera o de otra. Ya sea en público o en privado, todos hemos roto reglas que nos separarían de Dios. Pero al igual que Jesús demostró, el deseo de Dios no es que nos relacionemos con Él por la *culpa*, sino que nos relacionemos por la *gracia*.

NO UN "Y FUERON FELICES PARA SIEMPRE"

Una pareja que conocí hace unos años caminaba por una línea de gracia y verdad tan bonita, que nunca olvidé su historia. Nathan tenía casi treinta años cuando comenzó a asistir a nuestra iglesia. Era un estudiante excepcional de camino a una exitosa carrera médica. Durante tres años se ofreció como voluntario durante todo el tiempo libre que tenía en su trabajo y su escuela, para ayudar en nuestra comunidad. Siempre estaba deseoso de hacer preguntas y aprender a mejorar, y preguntaba a todos los líderes para saber las claves de su éxito. Su temperamento equilibrado era bien recibido y respetado entre aquellos a los que él seguía, y quienes lo seguían a él.

Correcto y educado, yo sabía que Nathan no estaría soltero durante mucho tiempo en nuestra iglesia. Un día la conoció a ella: Nicole. Pero en vez de salir con ella de la forma típica que todos esperaban, Nathan le pidió que tomara clases prematrimoniales con él. Eso era poco ortodoxo, nada convencional, y algo que no se había oído. Su razonamiento era que prefería conocer, desde antes de comenzar el partido, si iba a funcionar con ella, en lugar de pasar meses averiguándolo mediante las tradicionales citas. Algunos de sus colegas pensaban que estaba loco, mientras que otros admiraban su nobleza. Pero nadie pudo dudar que funcionó. Se enamoraron, y tras menos de un año de noviazgo se casaron. La gracia le había entregado una preciosa esposa en Nicole, la cual amó, admiró y entendió sus formas poco convencionales.

Probablemente estás esperando que te diga que fueron felices para siempre. Eso no es del todo preciso. La verdad es que Nathan podía ser tan egoísta como generoso, tan enojón como tranquilo, y tan inmaduro como maduro. En el trabajo, con los amigos y en la comunidad, podía escoger los momentos que le mantenían en la línea de la gracia. Pero el matrimonio es 24 horas al día y 7 días por semana. Y en ese lugar de prueba, había momentos de gracia que mostraban las mejores partes de él, y también momentos de verdad que mostraban las peores partes de él.

Cualquiera que esté casado te contará que la tentación de dejarlo es real, cuando se termina la luna de miel y la verdad llama a la puerta.

En el matrimonio de Nathan y Nicole había verdades tales como años de ira reprimida, conflicto sin resolver, y malas decisiones económicas. De repente, Nicole tenía que escoger entre ver a su nuevo esposo mediante los lentes de la gracia o los lentes de la verdad. La gracia le decía que le amara, le excusara, y le diera tiempo para convertirse en el hombre de sus sueños. La verdad le decía que fuera cauta, que se mantuviera en guardia, y que fuera consciente de que este podría ser el hombre de sus pesadillas, no de sus sueños. Decidió escuchar a ambas.

Le dio gracia amándole, perdonándole y dándole espacio para crecer, poniéndole frente a la verdad de que él necesitaba tratar con el hombre en el espejo privado, en vez de esconderse tras el hombre en el espejo público. Ella le ayudó a ver que él no podía vivir en las gracias públicas mientras estaba siendo atormentado por las verdades privadas. Cada día fueron más fuertes y desarrollaron un vínculo más íntimo, no porque escogieron el camino de la gracia en lugar de la verdad o el de la verdad en lugar de la gracia, sino porque escogieron el camino que les enfrentó a un matrimonio de gracia y verdad.

CUANDO LA VERDAD Y LA GRACIA SE ENCUENTRAN

Estoy seguro de que Nicole tuvo miedo de quedar como una necia al darle a Nathan gracia y verdad. Probablemente escuchó la frase más de una vez en su mente: "Si me engañas una vez, lo siento por ti; si me engañas dos veces, lo siento por mí". ¿Acaso no hemos pasado todos nosotros por eso mismo? Piensa en todas las áreas en las que nos han engañado: relaciones, dinero, aventuras empresariales, ideales religiosos, y otros. La lista continúa. Nos sentimos avergonzados, traicionados y enojados cuando somos víctimas de algo que sentimos que deberíamos haber conocido mejor para no caer. A nadie le gusta que le engañen una vez, y mucho menos dos. Entonces, ¿por qué ocurre? Porque todos *queremos* creer en el principio de las segundas oportunidades. *Queremos* creer en la bondad de las personas. Y *queremos* confiar en otros, más que dudar de ellos. Cuando damos a las personas el beneficio de la duda para cambiar y no lo hacen, nos cuesta seguir dándoles gracia. Tendemos a retener de ellos la gracia porque tenemos prueba de que nuestra gracia no será apreciada o valorada.

Aunque esto tiene un sentido lógico para nosotros, no es como Dios actúa. Su filosofía sería más parecida a esto: "Engáñame una vez, y mi gracia te levantará; engáñame dos, y mi verdad te mantendrá arriba". Cuando nos encontramos por primera vez con la gracia de Dios, nos damos cuenta de que nos han levantado, cepillado y enviado para que lo intentemos de nuevo. Esta realidad a menudo es demasiado increíble para entenderla del todo. El resultado es que, por lo general, terminamos en el mismo lugar, sin saber muy bien cómo vivir en la gracia que hemos recibido. Cuando nos encontramos de nuevo con la gracia de Dios, no podemos hacer otra cosa que enfrentarnos a nosotros mismos, y darnos cuenta de que tenemos que cambiar algunas cosas.

Admitir que necesitamos que la gracia nos siga cambiando es lo que hace que la verdad sea más evidente para nosotros.

La forma en que aplicamos y filtramos la gracia y la verdad, para nosotros mismos y para otros, a menudo está arraigada en nuestro entendimiento de estos dos conceptos de Dios. Si no creemos en Dios, su gracia o su verdad, es difícil entender plenamente la magnitud del papel de la gracia y la verdad en nuestra vida cotidiana. Intentar entender la profundidad y el amor de un Dios al que no le afecta ni le mueve ni siquiera la ofensa más inhumana, sin tener realmente una relación con Él, es como un vegetariano de toda la vida que está intentando entender a qué sabe un buen filete. No es que esté equivocado por no haber probado nunca la carne; tan solo no tiene un punto de referencia. Dios, a través de Jesús, rompe las reglas conocidas, tanto de la gracia como de la verdad, para dibujarnos un cuadro que une perfectamente las dos a fin de que sean nuestro punto de referencia. Las Escrituras nos dicen en Juan: *"Pues la ley por medio de Moisés fue dada, pero la gracia y la verdad vinieron por medio de Jesucristo"*. (Juan 1:17 RVR 1960)

La gracia a solas no vino a través de Jesús, y la verdad por sí sola no vino a través de Jesús. Ambas, la gracia y la verdad, vinieron a través de Él.

Pero *¿por qué?* ¿Por qué nos envió Dios ambas?

Como era muy difícil estar a la altura de la verdad, Dios tuvo que romper sus propias reglas para darnos un puente que nos llevara de nuevo hacia una relación con Él: en otras palabras, Jesús. Él ve nuestra necesidad de ser nacidos en la verdad, a la vez que formados en la gracia. No importa lo mucho que intentemos vivir en la verdad, siempre fallaremos en algún punto. Incluso los empleados más estelares un día perderán algún cliente. Incluso los niños más obedientes cometerán un fallo en algo, tarde o temprano. E incluso el cónyuge más fiel te defraudará de vez en cuando. Solo podemos hacer nuestro mejor intento con la verdad hasta que la gracia irrumpa.

Cuando admitimos que nuestra verdad está defectuosa o incompleta, nos abrimos a la posibilidad de que *cada* verdad a la que nos aferramos sea errónea. Y cuando admitimos que nuestra perspectiva acerca de la gracia está torcida, nos vemos forzados a aceptar que la vida que vivimos actualmente puede que no sea *todo* lo que Dios tiene para nosotros. Romper alguno de los dos conjuntos de reglas es un riesgo, pero aferrarse a reglas que te llevan a vivir una vida marginal es un riesgo incluso mayor. Dios no quiere que llegues al final y te des cuenta de que has pasado toda tu vida con la imagen errónea de Él. Él quiere que comiences a conocerlo de una forma distinta *hoy*, permitiéndole redefinir cómo su gracia y su verdad juegan un papel vital en tu vida.

Deja que Dios rompa las reglas de la verdad que te han hecho vivir cautelosamente con Él. Deja que Dios cambie las reglas para ti mediante la gracia, para ayudarte a recorrer tu camino de regreso a su verdad. Y deja que Él te muestre que todo lo que ha faltado en tu vida se puede encontrar en la gracia y la verdad.

> ## Cuanto más te acerques a la verdad de quién es Dios, más cerca estás de aceptar su gracia por quien eres tú.

Demasiados de quienes conocen a Dios personalmente siguen viviendo en base a una verdad limitada sobre su gracia ilimitada, porque se mantienen rehenes de quienes han sido. Sienten que tienen tan solo unos cuantos agujeros en su tarjeta perforada de la gracia, de modo que no viven en base a la libertad del favor. Viven en esta batalla intentando entender lo que Dios les dará y no les dará, intentando no usar todos sus agujeros de gracia en los pecados pequeños, pensando: *Viviré con la culpa de las cosas pequeñas, y dejaré que la gracia se encargue de las cosas graves.*

El problema con esta mentalidad es que incluso las cosas pequeñas se suman a las cosas grandes, y al final te quedarás sin gracia para ambas cosas. Pero la gracia de Dios no se acaba nunca. Jamás. Te saca de todo lo que has hecho en tu pasado para llevarte a un futuro que comienza cada día con una pizarra en blanco. No pregunta por qué lo hiciste, pero te pregunta por qué aún dejas que eso te defina. Te posiciona para ser el siguiente, por muchas veces que te equivoques. Toma la verdad de lo que has hecho, y comienza a darte una invitación para que vivas más allá de esas decisiones del pasado. Cuanto más te acerques a la verdad de quién es Dios, más cerca estás de aceptar su gracia por quien eres tú.

No importa cuánto nos esforcemos por entender, explicar y definir la gracia y la verdad, la realidad es que solo Dios nos lo puede revelar. Este libro no afirma tener todas las respuestas acerca de este Dios enorme y grandioso que intentamos conocer. Su intención es iniciarte en un viaje de relación donde Él te encuentra justo donde estás para comenzar una conversación que finalmente te dirija a donde tengas que estar. Llena los márgenes de estas páginas con las calladas revelaciones que Dios te hable al leer cada capítulo. Guarda un registro de todas las preguntas, pensamientos, ideas e incluso emociones que tienes mientras Él te dirige hacia un mayor entendimiento de Él y de ti mismo.

Y no te guardes este viaje con Dios para ti solo. Compártelo con otros que estén intentando entender a este Dios que parece no encajar en su mundo. Ayúdales a ver que si Dios se interesa tanto por ti como para escribir un libro sobre romper tus reglas, entonces debe querer hacer lo mismo en las vidas de ellos. Quizá, solo quizá, si Él puede cambiar la forma en que le entendemos y experimentamos a Él, su gracia y su verdad, entonces también cambiará la forma en que el mundo le ve.

Los menos probables son los más probables.

3

CALIFICAR A LOS DESCALIFICADOS

"Lo que te califica es tu disposición a seguir adelante descalificado."
—Anónimo

¿Alguna vez has comenzado un trabajo y has pensado: ¿Cómo me contrataron? ¡No estoy *calificado!* ¿O has recibido un ascenso aparentemente sin causa, o te has visto en una relación con alguien que está "en otra liga"? Es probable que te menosprecies, en vez de dejar que Dios te promueva.

Esta batalla interna es lo que yo llamo una *brecha de fe*.

Las brechas de fe se producen cuando luchamos internamente para aceptar que estamos calificados para cosas que en algún momento estaban fuera de nuestro alcance. Esta ruptura de la fe comienza cuando nuestra *confesión interna* está opuesta a nuestra *posición exterior*. Es la guerra entre quiénes somos, y quiénes creemos, pensamos y decimos que somos.

Las brechas de fe que se toleran, al final se convierten de forma callada en creencias dominantes que te llevan a sabotear lo que Dios ya te ha calificado para lograr. Se convierten en los asesinos silenciosos de nuestro avance. Puede que la oportunidad venga llamando, pero si en nuestro interior no creemos que estamos calificados, nunca responderemos a la puerta.

¿Qué da forma a nuestra confesión interior? Bueno, la mayoría miramos a nuestro pasado y después a nuestro presente para determinar para qué estamos y no estamos calificados. Cada una de estas miradas atrás y a nuestro alrededor sirve como un tanteador mental al evaluar nuestras calificaciones para lo que deberíamos perseguir o evitar en la vida. Si tu calificación en caligrafía no fue buena cuando estabas en la secundaria, probablemente pensarás que estás descalificado para escribir un libro. Si tu calificación en un matrimonio fue mala porque terminó en divorcio, es probable que pienses que no estás apto para vivir felices para siempre. Si no eres el primero de la lista para un ascenso, no solicitarás ese puesto gerencial que está vacante.

Cuando has oído suficientes veces que no estás calificado, puede que comiences a pensar que estás descalificado para casi todo. Se introduce en tu vida cotidiana y tu vocabulario, hasta que no tienes deseo de presentarte nunca más a otra oportunidad, para oír que no eres el escogido.

EL REY IMPROBABLE

Como el menor de ocho hijos, David entendía lo que era no ser "el indicado". Su posición en la familia como más pequeño parecía un precursor de lo que sería su posición para el resto de su vida: el último de la fila. Nadie le miraba como la posible respuesta, la solución o el héroe.

David no estaba calificado. Punto.

Así que cuando Dios envió al profeta Samuel a la casa del padre de David para ungir a un nuevo rey, David ni siquiera apareció (ver 1 Samuel 16). Mientras sus siete hermanos pasaban por el proceso de purificación para ser considerados como posibles reyes, David se quedó en el campo entre la suciedad, los animales, y el arduo trabajo. Debió pensar: *Seguro que no soy yo.* Debió haberse convencido de que la posición adecuada para él era en el campo, no junto a sus hermanos, su padre o su casa. Tomó la única posición para la que se sentía calificado: la de pastor, y no de hijo.

¿Cuántas veces hemos asumido la misma posición que David porque no nos sentimos calificados, elegibles o adecuados? ¿Cuántas veces hemos decidido ni siquiera aparecer porque ya sabíamos que no seríamos elegidos? ¿Cuántas veces hemos predeterminado que nunca seremos la respuesta, la solución o el héroe? ¿En cuántas conversaciones hemos estado en silencio porque sentimos que expresar nuestras ideas estaría por encima de nuestra posición? Es fácil ver cómo el *sentimiento* de estar descalificado puede llevarnos a *creer* que verdaderamente estamos descalificados.

> Es fácil ver cómo el *sentimiento* de estar descalificado puede llevarnos a *creer* que verdaderamente estamos descalificados.

Pero ¿qué ocurre cuando Dios quiere romper las reglas para usar a los descalificados, en lugar de a los calificados? ¿Qué ocurre cuando la persona que menos esperarías que fuera rey fuera realmente la que Dios quiere? ¿Qué sucede cuando Dios pasa de largo por todos los candidatos probables para las posiciones correctas, para escoger en su lugar al inesperado que no está calificado?

Eventos improbables, eso es lo que ocurre. Al menos eso fue lo que le ocurrió a David.

Los siete hermanos de David estaban en la fila con anticipación, y uno a uno, el profeta fue diciendo de ellos: "Este no es el que Dios ha escogido". Finalmente, Samuel pregunta si no le quedan más hijos. La ruda y sucia cara de David en el campo debió pasar por todas sus mentes. *El profeta no puede estar hablando de David, ¿verdad?*, pensaban todos. Es que no parecía posible que quien Dios quisiera fuera el hijo más jovencito.

¿Te imaginas ser el primogénito y escuchar que tu posición no te califica automáticamente? ¿O ser el más atractivo, y escuchar que no eres tú? ¿O el más alto? ¿O el más fuerte? ¿O el más inteligente? Qué paradoja de posición para aquellos jóvenes. Dios no miró el proceso de purificación para calificar a David, ¡porque David no pasó por el proceso! Dios no miró la posición familiar en busca de las credenciales de David, porque David era el de más abajo en el tótem. Dios no aceptó un voto de los hermanos para ver quién pensaban ellos que era digno, ¡porque ninguno de ellos habría nominado a David!

Entonces, ¿por qué David?

Dios calificó a David en base a lo que siempre ha sido y siempre será invisible para el ojo humano. Dios vio lo que nadie más veía en David. Él vio un corazón que honraba *a Dios*.

Dios desafía la lógica. Él no nos mira como nosotros nos miramos unos a otros.

Este escenario nos da a todos nosotros un sentimiento de esperanza renovado. Para todos los que sienten que el éxito es imposible porque nacieron en el vecindario incorrecto, nacieron con el apellido incorrecto, o nacieron en una familia en la posición social incorrecta, la vida de David es un recordatorio constante de que los descalificados pueden convertirse en los calificados. Para todo el que siente que ha cometido demasiados errores o no ha llegado a la meta demasiadas veces, esta historia produce esperanza en que Dios nos ve, y no ha terminado con nosotros aún.

Cuando leemos historias como esta, queremos entender desesperadamente por qué Dios escoge a los menos probables. Preferiríamos mejor un proceso simple de tres pasos hacia el éxito. Queremos poner a Dios en un molde para poder entender cómo obra Él, pero simplemente no hay una lógica cuantificable para comprender el método las calificaciones de Dios. Dios desafía la lógica. Él no nos mira como nosotros nos miramos unos a otros. Él no va en pos de los calificados para llevar a cabo sus planes y propósitos, sino que escoge mirar el interior, a esas cosas que solo Él puede ver. Jesús, en representación del Padre, busca las intenciones internas, pensamientos y motivos de los descalificados, para establecer una relación genuina con cada uno de nosotros, independientemente de nuestras calificaciones externas. Los más bajos y los más altos ahora están delante de Dios, iguales y aceptables ante sus ojos, gracias a su Hijo.

Esto abre del todo las características del tipo de personas que Dios puede usar. Ya no solo a los prestigiosos se les permite la posición de acceder a la grandeza. Dios rompe las reglas para encontrar a quienes quizá no califican socialmente, pero sí califican espiritualmente. Su libertad de la rígida vara de medir del hombre que plaga nuestra sociedad ofrece el mismo refugio y paz a los justos que a los pecadores, a los creyentes que a los incrédulos, a los aventajados y a los desfavorecidos. Una relación genuina y humanamente fallida con Él se convierte en el gran ecualizador para todos. Todos podemos acudir ante el Único que puede romper todas las reglas para exponer en nosotros lo que Él llama *digno*.

DE ESTRELLA PORNO A HIJA AMADA

Brittni no era alguien por quien esperarías que Dios rompiera las reglas. Durante su infancia, el rechazo y el sufrimiento fue lo único que conoció, y anhelaba un verdadero amor que le hiciera sentir como la princesa con la que soñaba ser. Pero con solo dieciséis años, su búsqueda de la atención y aprobación que le faltaba en casa le llevó a desnudarse sobre el escenario en un club en México. Las primeras semillas de amor disfrazado de lujuria fueron plantadas en su corazón esa noche, cuando los hombres le daban atención, dinero y un deseo desbocado por ella. Por primera vez en su vida, Brittni se sintió bonita, querida y amada. Dos años después, mientras Brittni asistía a la universidad con la esperanza de convertirse en periodista de televisión, se encontró de nuevo desnudándose para ganar dinero. Era el trabajo para el que creía que estaba calificada. El aplauso, la admiración y la adoración comenzaron a llenar una parte de su corazón que nunca antes se había sentido lo suficientemente bien.

Una noche después de la función, se le acercó alguien con una oferta para comenzar a hacer pornografía. Ella aceptó. Sin ser consciente de las posibles consecuencias, Brittni lo vio solo como una oportunidad de ganar más dinero, terminar la universidad, y finalmente encontrar la vida que había esperado tener. Nadie miró más allá de la superficie para ver una joven herida y quebrantada de camino a la autodestrucción. Con solo dieciocho años, Brittni se encontraba perdida en una industria que parecía descalificarla de todo lo que una vez había soñado ser cuando era niña.

Tras su primera película porno, Brittni rápidamente saltó a la fama. Comenzó una carrera en la industria del entretenimiento adulto que parecía ofrecerle un éxito ilimitado, promoción y logros, a medida que los premios y los elogios le iban llegando. Durante siete años reinó como una de las estrellas porno más estimadas y reconocidas. Pero cuando las cámaras se apagaban y se gastaba el dinero, Brittni sabía que su vida estaba descontrolada. Rodó más de trescientas películas para adultos, y con cada película sentía que se hundía cada vez más en un abismo de vergüenza y culpabilidad. Se vio engullida por un ciclo diario de depresión, drogas y sexo. La promesa de una carrera legítima se había esfumado. También se había ido el sueño de que llegara algún Príncipe Azul para llevársela. La creencia de que algún día podría ser más que una esclava de una industria que la usaba y abusaba de ella también se había esfumado.

Encadenada a una vida de relaciones violentas, enfermedades sexuales y sexo degradante, Brittni se dio cuenta de que no tenía esperanza alguna. Lo que comenzó como una manera de llenar su inseguridad y rechazo se estaba convirtiendo en una espiral hacia un pozo de dolor, al ver que lo único que se merecía era ser una esclava del sexo. Rota por la manipulación y el control de la industria, Brittni sentía que la única posición para la que estaba calificada era la que le daban los directores y productores. La desgracia opacó el brillo y el glamur que veía el público. El dolor con el que Brittni vivía secretamente estaba oculto tras un nombre artístico que rápidamente había perdido su lustre.

A través de los años, Brittni nunca había estado en contra de la iglesia, sino que se mantuvo al margen simplemente porque pensaba que no sería bien recibida. Sus pecados parecían descalificarle incluso para cruzar el umbral de la puerta. Pero mientras se hundía cada vez más en la oscuridad del porno, crecía también su desesperación por salir de ahí. Con la invitación de su abuelo, Brittni decidió probar la iglesia. Fue allí donde conoció al Hombre que amaba a la verdadera Brittni a pesar de toda su vergüenza, culpa, adicciones y dolor. Fue como si, por primera vez en su vida, alguien hubiera encendido la luz en todos los pecados secretos de su alma, en las partes más oscuras de su corazón, y en los dolores más profundos de su vida. Pero en vez de condenarla o apartarse de ella, Jesús se acercó, y la rodeó con sus brazos de amor incondicional.

Tras aceptar a Jesús como su Salvador, Brittni comenzó un largo viaje de regreso a la libertad. Capa a capa, Jesús comenzó a escarbar tras la fachada de la estrella del porno para revelar a una joven que aún quería desesperadamente sentirse amada. En lo profundo de su corazón se preguntaba cómo Dios podría limpiar su pasado, y darle un nuevo comienzo. ¿Acaso no veía Él lo sucia y manchada que estaba? ¿Acaso no veía Él que la única calificación real que tenía para trabajar era el sexo? ¿Acaso no veía Él la larga lista de pecados que la descalificaban para ser algo noble, destacado y extraordinario? ¿Acaso no veía Él todas las reglas que se interponían en su camino a poder ser verdaderamente salva?

A medida que ella leía su Palabra, mientras aprendía a tener una relación personal con Él y comenzaba a creer en su voz más que en ninguna otra, Dios comenzó a romper reglas para posicionarle, no para el juicio y el dolor, sino para sus planes y propósitos.

El momento de victoria para ella fue cuando le invitaron a nuestra reunión de *Uprising Young Adult*, y escuchó a un hombre predicar un mensaje que cambió su vida para siempre. Aunque él no sabía que le estaba hablando directamente a ella, sus palabras atravesaron su baja autoestima y quebranto para revelar la mujer que había en su interior, y que tanto valía la espera. Por primera vez en toda su vida, Brittni escuchó y creyó que era una mujer de Dios, digna de esperar al amor verdadero. Su mensaje cambió drásticamente cómo se veía a sí misma y su valía, y le condujo a hacer un voto de soltería durante un año para aprender a perseguir la pureza y esperar al hombre que estuviera dispuesto a esperarla.

Ese hombre que estaba dispuesto a esperarla resultó ser el mismo hombre que habló en nuestra iglesia. Mi sobrino Richard había visto a esta joven enamorarse de Dios cada día más, y no pudo hacer otra cosa que enamorarse de ella también. En 2016 tuve el honor de casar a esta increíble pareja, y ver a Brittni caminar hacia el altar con un hermoso vestido blanco, resplandeciente con una belleza y gracia genuinas. Ahora ellos hablan a miles por todo el mundo sobre la verdad que está detrás de la industria pornográfica, la verdad de Jesús, y la verdad sobre el verdadero amor que esperará. Semanalmente Dios califica a Brittni para ser su portavoz al mundo, y la sitúa para vivir los sueños que tenía cuando era niña. No solo conoció al Príncipe Azul que ella pensaba que no existía, sino que ahora juntos están levantando a una generación de jóvenes que están persiguiendo apasionadamente la pureza.

Hoy, si te encontraras con Brittni conocerías a una joven que no se parece en nada al nombre artístico que fue su identidad durante casi una década. La plataforma que consiguió mediante la industria del porno palidece, en comparación con el escenario que Dios les está dando ahora a ella y a Richard. Esta joven pareja sirve como una desvergonzada cartelera del ilógico favor de Dios, su bendición y su perdón.

Sin lugar a dudas, Brittni y Richard no deberían estar dirigiendo un próspero ministerio en nuestra iglesia, pero lo están. No deberían estar posicionados como embajadores por todo el mundo para la gracia de Dios, pero lo están. No deberían pedirles hacer entrevistas en estaciones de radio y televisión por toda la nación, pero así es.

¿Por qué usaría Dios a *Brittni* cuando ha estado más años en la industria del entretenimiento para adultos que en la iglesia?

He visto a personas criticarnos a mi esposa y a mí por permitir que Brittni cuente su historia en nuestra iglesia. Según su perspectiva, su transformación se debía haber manejado con cautela y discreción. Yo no estuve de acuerdo entonces, y no lo estoy ahora. Si Dios le calificó en el altar para ser su hija, entonces es apta para compartir su viaje con todo el que quiera escuchar. Para Dios, Brittni no es una estrella del porno que se salvó. Es una hija que ha llegado a casa para hablarle al mundo sobre el Dios que rompió las reglas para encontrarla.

CUANDO LOS DESCALIFICADOS SE CONVIERTEN EN LOS CALIFICADOS

Quizá tu historia por fuera no es como la de Brittni. Tal vez no fuiste a la industria de la pornografía para encontrar tu identidad. Quizá no mostraste tus pecados públicamente como ella hizo. Pero, en un momento u otro, todos hemos sentido que nos hemos descalificado a nosotros mismos. Todos sentimos que no hay manera en que Dios podría usarnos por causa de los millares de malas decisiones que tomamos, y que nos llevaron por un camino que no esperábamos. El pecado en el que estás viviendo quizá no sea sexual, pero la vergüenza y la culpa siguen siendo amigos familiares con los que has aprendido a vivir. La industria tras la que te escondes puede ser la empresa, la educación o incluso el ministerio, pero aun así Dios te ve.

Dios aún te quiere.

En algún momento en tu vida vas a llegar a un punto en el que tus finanzas, tus logros, tus elogios y tus éxitos personales no van a ser suficientes para conseguirlo. Piensa en algunos de los grandes íconos de nuestro tiempo que parecen ser sinónimos de éxito: Michael Jordan, Steve Jobs, Steven Spielberg, Oprah Winfrey y Walt Disney. Quizá pienses que el único hilo que une estos nombres famosos es la prominencia y el éxito, pero estarías equivocado. Ellos también comparten una historia de derrota, fracaso y rechazo. En algún momento en el comienzo de sus carreras, todos se vieron descalificados y abatidos. Hoy, sus tempranas historias quizá reflejen tu vida con más precisión. Quizá estás comenzando un nuevo negocio, y parece que no conseguirás los fondos que necesitas. Tal vez estás comenzando una carrera profesional en un campo entre colegas que siguen adelantándose a ti, promoción tras promoción. Quizá incluso seas un graduado universitario con un bachillerato o una maestría, y aún sigues desempleado.

Cada vez más, los jóvenes están mirando a las generaciones anteriores para que les ayuden a encontrar las herramientas y los recursos que necesitan para calificar para una vida de importancia genuina. En las universidades de todo Estados Unidos parece librarse una guerra filosófica en base a esta pregunta: ¿es el principal propósito de la educación enseñar para obtener conocimientos e ideas personales, o entrenar graduados para el mercado laboral? Hay defensores de ambos lados, pero los estudiantes son las únicas víctimas reales. La falta de un acuerdo claro da como resultado a miles de mileniales que se sienten frustrados y descalificados para adquirir y mantener una carrera exitosa como vieron lograr a sus padres. Esos mismos mileniales que están luchando por ser calificados mediante la experiencia y la educación finalmente ocuparán posiciones de poder, al superar en número a cualquier otra generación anterior a ellos.

Si *nosotros* no podemos responder a la pregunta sobre cómo calificarlos mejor para su futuro, tenemos que asegurarnos de presentarles al Dios que sí puede.

Nunca ha habido un tiempo más pertinente que ahora para creer en *quién* nos califica, más que en *qué* nos califica. Con la presión constante de hacer un buen papel en la sala de juntas, el salón de clases y la sala de ventas, es prácticamente imposible estar calificado en cada área de nuestras vidas. Quizá estás calificado moralmente, pero no profesionalmente. O tal vez superas a tus compañeros intelectualmente, pero no estás pulido socialmente. O quizá tu portafolio está lleno creativamente, pero vacío académicamente. O quizá estás bien considerado ministerialmente, pero no eres astuto relacionalmente. Sean cuales sean tus fortalezas y debilidades, todos inclinamos la balanza de lo calificado y lo descalificado en un punto o en otro. Nuestra meta no debe ser encontrar reconocimiento ni en nuestros éxitos ni en nuestros fracasos, sino más bien dejar que nuestra identidad reconozca ambos. A menudo Dios espera hasta que estamos listos para aceptar tanto nuestras altas personales como nuestras bajas personales, para posicionarnos en los lugares más improbables.

YA NO DEPENDE DE TI

¿Por qué querría Dios favorecer a quienes otros solo critican? Y ¿por qué querría Él romper las reglas de posición para promover a quienes otros nunca escogerían? ¿Por qué David? ¿Por qué Brittni?

Porque cuando Dios hace lo impensable con una persona, su vida se convierte en una paradoja ilógica que el mundo quiere entender. Por cada historia redentora como la de Brittni o la tuya, hay cientos que quieren saber *por qué*. Esa búsqueda por entender a un Dios que no tiene sentido conduce a un encuentro con el Dios que ellos mismos también necesitan.

En sus primeros tiempos, el apóstol Pablo tuvo algunas disputas reales con Jesús y los que le seguían. Él cuestionó la identidad de Jesús como el Mesías,

> ## Deja que comience un nuevo capítulo en tu vida; uno sin excusas, temores, dudas y argumentos.

y rehusó aceptar las enseñanzas de sus discípulos. Tenía serios problemas para conectar los puntos con el Dios que él conocía en las Escrituras, y el Dios que llegó a la tierra como el Salvador del mundo. Sus disputas le llevaron a una misión que parecía contraproducente para sus creencias religiosas. Era un hombre devotamente religioso, pero también era un asesino. Y por la naturaleza de sus formas salvajes, podríamos suponer que él sería el *menos* probable para ser algún día un seguidor de Jesús como aquellos a los que odiaba. Pero su misión asesina le condujo a la verdad (ver Hechos 9). Sus preguntas y dudas le llevaron cara a cara con un Dios al que ya no podía negar. En esencia, se podría decir que su odio hacia Jesús le llevó a experimentar el ilógico amor de Jesús.

Para el crítico y dudoso que hay en todos nosotros, se esperaría que todos nos encontremos en la misma posición que se encontró Pablo. No descalificados por sus propias dudas, sino calificados por la firme gracia de Dios.

Mira tu vida y piensa en cada razón por la que te sientes descalificado. Dedica un minuto a encontrar todas las razones por las que crees que no eres el indicado para ese trabajo, esa relación o ese premio. Toma una hoja de papel, y escribe cada hecho que ves como evidencia de por qué no deberían pedirte que te sientes en la mesa de la grandeza en el trabajo, la escuela, en casa o con tus colegas. No dejes fuera ninguna excusa. Haz una larga lista. Incluye todos los argumentos que tengas con un futuro marcado por influencia, afluencia y prestigio. Y cuando hayas expresado todas las dudas, preguntas y excusas, tira la lista a la basura. Quémala. Arrúgala. Y vete. Ya no la necesitas. Nunca la necesitaste. Es la paradoja de la posición con la que has luchado por demasiado tiempo. Es la lucha por *más* en ti, que batalla contra la mentira de *menos* que ha vivido en ti.

✠

Nuestras creencias son el catalizador del cambio.

No eres tú quien tiene que decidir si estás calificado o no.

Es tiempo de tomar una nueva hoja de papel, y escribir todas las razones por las que Él ya te ha calificado. Escribe cada idea loca que nunca antes hayas creído, pero siempre has querido. Deja que comience un nuevo capítulo en tu vida; uno sin excusas, temores, dudas y argumentos.

Ahora bien, sé que algunos quizá se rían por la audacia de que el cambio sea tan fácil. Me doy cuenta de que el realista en ti quizá incluso se ofenda por lanzar lo que algunos podrían llamar una "falsa esperanza". Miras tu vida y piensas que podría funcionar en teoría, pero nunca en la práctica. Pero ¿no es este el mismo principio simplista que usamos para aceptar otros aspectos de nuestra vida? Miramos la lista de evidencia física de un médico, y generalmente lo aceptamos como verdadero. Miramos una lista de facturas, y aceptamos que la deuda será indefinidamente parte de nuestro futuro. Miramos una lista de tendencias de las acciones en Bolsa, y basamos nuestras decisiones financieras en las esperanzas de las predicciones. Miramos un informe del tiempo, y accedemos a un pronóstico de adivinanzas educadas. Aceptamos la evidencia que hay ante nosotros, y tomamos las decisiones de nuestra vida en base a ello. No es inverosímil, irracional o ilógico.

Sin embargo, cuando Dios dice: "Mira la lista de todas las razones por las que yo digo que estás calificado", nos cuesta creerlo. Argumentamos diciendo que no hay evidencia suficiente para aceptar lo que no podemos ver. Pero te pregunto: ¿cuántas personas has conocido que recibieron un diagnóstico médico erróneo? ¿Cuántas veces te la has jugado con las acciones de la Bolsa, y has perdido? ¿Cuántas veces te has llevado un paraguas en previsión de una tormenta que nunca se produjo? Si puedes decir sí a tan solo una de estas preguntas, espero que estés dispuesto a reconsiderar la posibilidad de que una nueva lista de las calificaciones de Dios pudiera ser suficiente para comenzar el proceso de cambio en todos nosotros. Historia tras historia de personas como Brittni se alzan como prueba del paradójico proceso de calificación de Dios. ¿Creerás en él para tu propia vida?

Nuestras creencias son el catalizador del cambio. Lo que creemos, finalmente lo atraemos, ya sea negativo o positivo. Si creemos que puertas cerradas se pueden abrir para nosotros, avanzaremos hacia la posibilidad de la oportunidad. Si creemos que *no* tenemos el derecho de acceder a la oportunidad, terminaremos en la posición más distante de la puerta.

Puedes lograrlo todo cuando cambias lo que crees que es concebible.

Si crees las ideas de que no eres suficientemente bueno, suficientemente educado, suficientemente privilegiado, entonces tienes que decir: "¡Basta!". Si necesitas un cambio de posición hoy, comienza con un cambio de opinión de Dios, de ti mismo y de tu futuro. Nada está fuera de tu alcance cuando la opinión de Dios es parte de tu discurso. Nada es inalcanzable cuando adoptas la posición de aprender. Puedes lograrlo todo cuando cambias lo que crees que es concebible.

Durante los años, he visto a las personas menos probables convertirse en las más probables en incontables ocasiones. He visto matrimonios encontrar su camino de regreso a la reconciliación cuando la esperanza se había perdido. He visto a jóvenes soñar y lograr cosas mayores de lo que pensaban que sería posible. Esto es lo que sé y lo que recuerdo: Dios no da a uno, y retiene al otro. Él es un dador de destino por igual. Favorece a su creación universalmente. Da gracia a cada uno imparcialmente. Tan solo está esperando a que creamos en Él tanto como Él cree en nosotros.

La vida no es un examen que apruebas o suspendes. No es un juego que ganas o pierdes. Es un viaje de descubrimiento que está lleno de lecciones que se aprenden, habilidades que se adquieren, y obstáculos que se superan y que un día te conducirán a entender todo lo que cuestionas hoy. Nada en tu pasado puede descalificarte para tu futuro, a menos que tú lo permitas. Comienza a creer ahora en el Dios que ya te ha precalificado para la vida para la que fuiste creado. Dale a Dios la oportunidad de sacar tus credenciales que otros menospreciaron y criticaron. Abre tu corazón y tu mente de nuevo a la posibilidad de cosas que sentías que no merecías.

Quizá estés fuera en el campo de tu vida, sucio como David, quebrantado como Brittni o confundido como Pablo, pero Dios ya te ha escogido para que seas la respuesta. Él ya ha enviado a Alguien para mirar más allá de aquellos que parecen ser la elección lógica, para encontrarte a ti. Él ya ha roto las reglas para que tú puedas creer de nuevo en ti y en su increíble plan para tu vida. Lo único que Dios espera es a ti.

Lo único que puedes perder son las reglas que Dios necesita romper.

Cuanto más buscas el reconocimiento,
más difícil es encontrarlo.

4

ROMPER REGLAS CULTURALES

"No te preocupes cuando no seas reconocido,
pero esfuérzate por ser digno de reconocimiento."
—Abraham Lincoln

En 1990, uno de los cuadros más caros del mundo se vendió por ochenta y dos millones y medio de dólares, pero el artista nunca vio ni un centavo. Había muerto un siglo antes sin un penique en el bolsillo. Ahora es uno de los pintores más renombrados de la historia, pero cuando Van Gogh estaba vivo, no era otra cosa sino un alma atormentada y retorcida que solo había conocido el fracaso. De hecho, muchos historiadores creen que Van Gogh vendió un solo retrato antes de suicidarse.

¿Cómo se convierte un artista menospreciado y mentalmente enfermo en uno de los pintores más famosos e influyentes de todos los tiempos?

Reconocimiento.

Tras su muerte, el hermano de Van Gogh, Theo, comenzó a presentar al mundo la obra de Vincent, pero entonces él también murió solo unos pocos meses después. La esposa de Theo, Johanna, continuó con la misión de su esposo y comenzó a vender, prestar y publicar al mundo del arte las obras desconocidas de Van Gogh. Pero ella no solo mostró sus piezas como un artista, sino que también dio a conocer su tormento privado. Publicó las cartas de correspondencia entre Van Gogh y su hermano. El mundo se enamoró de la historia de un loco, cuya única paz momentánea cuando estaba vivo se encontró en los brochazos de las obras maestras que dejó tras de sí.

Vincent Van Gogh fue el artista brillante, pero Johanna Van Gogh fue la genio improbable que llevó su nombre al mundo.

Cuando Jesús estaba vivo realizó muchos milagros, pero fue su milagroso acto final de resurrección lo que llevó un reconocimiento infinito al Hijo de Dios. Fue solo mediante su muerte como pudimos reconocer su verdadera divinidad. Y al igual que Van Gogh, Jesús necesitaba a alguien que llevase su nombre al mundo. De hecho, necesitó doce personas. Los discípulos fueron para Jesús lo que Johanna fue para Van Gogh. Tomaron el mensaje de Jesús, y se negaron a dejar que muriese con su muerte. Entregaron sus vidas para asegurarse de que Él fuera reconocido como algo más que un simple maestro, profeta y hombre. Fueron los héroes improbables que llevaron a Jesús al mundo para que pudiera ser reconocido no solo por Dios, sino también por el hombre.

RECONOCIMIENTO: ¿BUENO O MALO?

Soy consciente de que no todo el mundo es un seguidor del reconocimiento. El reconocimiento se ha ganado una mala fama con los años porque parece ir de la mano con el orgullo, la arrogancia y la autopromoción. Parecen existir reglas no declaradas sobre el reconocimiento que dibujan un cuadro de Dios estando en *contra* del reconocimiento. Pero el reconocimiento por el hombre no es lo mismo que el reconocimiento por Dios. Cuando el hombre te llama, está basado en lo que el hombre ve, pero cuando Dios te llama, está basado en lo que Él ve. E incluso aunque el punto de vista de Dios siempre supera al del hombre, Dios no está en contra de reconocer un trabajo bien hecho.

En una parábola del libro de Mateo, Jesús cuenta la historia de un amo que confió sus finanzas en mano de sus siervos. Dos de los siervos invirtieron el dinero, mientras el último siervo escondió su parte por temor. Cuando el amo regresó, reconoció abiertamente y elogió a los dos que sabiamente invirtieron y administraron su dinero, diciéndole a cada uno: *"Bien, buen siervo y fiel; sobre poco has sido fiel, sobre mucho te pondré; entra en el gozo de tu señor"*. (Mateo 25:21 RVR 1960)

Esta parábola es una analogía del reino de los cielos, y las palabras del amo claramente reflejan el agrado de Dios al reconocer áreas de fidelidad y diligencia. Dios no está en contra del reconocimiento. De hecho, ¡se deleita en reconocernos como sus hijos e hijas!

El reconocimiento de Dios te llama, te escoge y te posiciona.

Ante los ojos de Dios, *reconocimiento* no es una mala palabra.

El primer paso para aceptar el reconocimiento de Dios es darse cuenta de que aunque el hombre puede llamarte, solo Dios puede llamarte y escogerte. Este solo diferenciador erradica toda barrera que se alza ante tú y yo en nuestros lugares de trabajo, escuelas, ministerios y familias. El reconocimiento de Dios te llama, te escoge y te posiciona para que seas libre de una vida paralizada por la intimidación, la inferioridad y la ineptitud.

Y no son tus méritos o tus faltas lo que determinan su llamado y reconocimiento en tu vida. Dios te llama y escoge basándose en su plan prescrito y en nuestra persecución espiritual de Él, en vez de las calificaciones predeterminadas por el hombre. Esta verdad disipa el tormento de preguntarnos si seremos rechazados o aceptados por el hombre. Como Él te llama y te escoge, puedes vivir en *su* reconocimiento, en lugar de ir en pos de la afirmación del hombre.

Durante el transcurso de los años he conocido a muchas personas que han tenido el llamado del hombre en su vida. Sus talentos, sus dones y su personalidad les hicieron parecer los candidatos obvios para el ascenso y el favor. Pero cada vez me doy más cuenta de que el llamado del hombre no puede sostenerte si el llamado de Dios no está en ti. Cuando el llamado de Dios está en ti, incluso si el llamado del hombre cambia a otro con mayor talento, mayores dones o mayor personalidad, no te quedarás intentando averiguar qué hacer después. O cuando llega la tentación de buscar la validación verbal, aprobación y reconocimiento del hombre, aun así desearás *más* el llamado inaudible de Dios. La fama, la atención y el aplauso no serán lo que busques primero. El llamado de Dios quizá incluya fama, notoriedad y aplauso, pero eso no será el enfoque principal para tu vida. No será lo que te satisfaga a un nivel profundo y personal.

Desde que era un adolescente, he sentido el llamado del hombre. El éxito me llegó muy pronto como patinador semiprofesional, después como renombrado DJ, luego como próspero emprendedor. Pero el llamado en mi vida que sobrepasa a los demás es el de *pastor*. Sentí logro cuando escuché el llamado del hombre como patinador, DJ y emprendedor. Pero cuando respondí al llamado de Dios a ser pastor, comencé a experimentar algo más profundo que el logro. Sentí *propósito*.

Hoy día veo que Dios rompe las reglas para personas que no lo merecen, no lo entienden, y no lo esperan. He visto a los bancos denegar créditos, y después cambiar de opinión porque Dios intervino. He visto matrimonios que se dirigían hacia el desastre teniendo que romper los papeles del divorcio porque Dios intervino. He visto informes médicos sin explicación cuando Dios responde a una oración de alguien que previamente había sido diagnosticado como enfermo o a punto de morir. El llamado de Dios es lo que me produce un sentimiento más profundo de gozo, emoción, pasión y realización. Al final de mi vida sabré que he vivido no solo el llamado del hombre, sino también el llamado de Dios.

Y no tienes que ser pastor para conocer el llamado de Dios. Mis padres, los maravillosos Salvador y Soledad De La Mora, no fueron pastores o ministros de ningún tipo, pero ellos también conocieron el llamado de Dios. Fueron inmigrantes que dedicaron toda su vida a educar a su familia, construir una prestigiosa empresa de paisajismo, y administrar con éxito una empresa de bienes raíces en Santa Bárbara. Según la perspectiva de algunos, su éxito y su cuenta bancaria significan que *debieron* haber vivido el llamado del hombre. Pero mi vida, y las vidas de mis hermanos y hermanas, son prueba de que vivieron el llamado de Dios.

Cuanto más buscamos la notoriedad, más nos esquiva.

Con el paso de los años, mis padres sacrificaron constantemente sus propias preferencias personales para enfocarse en educar una familia temerosa de Dios que trabajara junta, soñara junta, luchara junta y tuviera éxito junta. Sus incontables oraciones y palabras de sabiduría nacieron en el trono del cielo, y vivieron en lo más hondo de sus corazones. Mi madre fue una esposa fiel que incansablemente estuvo junto al sueño de mi padre. Ellos modelaron el trabajo en equipo, el amor sacrificial, y una firme crianza de los hijos porque creían que eso era su mandato de Dios. En sus vidas aquí con nosotros no desearon reconocimiento, elogios o aplauso por la sencilla y a la vez profunda existencia que vivieron. Vivieron en la sombra para que su familia fuera honrada públicamente por los valores, la ética y la moralidad que les habían inculcado.

Cuando mi madre murió al comienzo de este año, la profundidad del legado de mis padres se sintió en las incontables historias que se entretejieron con lágrimas de tristeza y gratitud de sus hijos, nietos y bisnietos. Durante generaciones venideras, el legado de Salvador y Soledad De La Mora vivirá en el reconocimiento, la adoración y la alabanza de la familia que ellos criaron.

Mis padres entendieron que el legado produce un reconocimiento que sobrepasa la alabanza o la adoración pública. Es el tipo de reconocimiento que dura toda una vida. El tipo de reconocimiento que se transmite de una generación a otra. Mis padres quizá no buscaron reconocimiento en su vida, pero el reconocimiento llegó buscándolos a ellos.

La verdad es que cuanto más buscamos la notoriedad, más nos esquiva. Y también es cierto que cuanto más intentamos escondernos en el anonimato, más reconocimiento busca invadirnos. De hecho, he descubierto que es nuestro deseo de trabajar en secreto lo que hace que Dios quiera mostrar su obra en público. Solo porque nadie más vea la sangre, el sudor y las lágrimas que has estado derramando en silencio en casa o en el trabajo, ¡no significa que Dios no lo viera! Todas las horas de callado sacrificio y fidelidad nunca pasan desapercibidas para Dios. Y aunque estar tras bastidores quizá no sea la posición más gloriosa en la escalera del éxito, es la fórmula perfecta para que Dios rompa las reglas.

Todas las horas de callado sacrificio y fidelidad nunca pasan desapercibidas para Dios.

Hay demasiadas personas que siguen las reglas del éxito con la esperanza de encontrar la luz de candilejas y la fama que ofrece la sociedad, pero terminan decepcionadas. Quizá sea porque Dios sabe bien que la escalera del éxito no conduce a la escalera de felicidad que Él ofrece de una forma distinta. Sus métodos no convencionales abren las puertas de la promoción a personas que en un tiempo se sintieron como si nadie viera su trabajo. Y el plan de Dios es tan radical como sus métodos. Su plan conlleva conocerte a ti más que tu currículum vitae.

Nuestro currículum de galardones o fracasos a menudo es nuestro indicador personal de aquello para lo que creemos que estamos calificados. Cuando retrocedemos porque vemos más fallos que logros, abandonamos la carrera hacia las oportunidades. Cuando damos un paso adelante y dependemos solo de nuestros logros del pasado, estamos confiando en nuestras propias fuerzas y habilidades. Pero Dios nos llama a más. Al margen de nuestros éxitos o fracasos del pasado, si le damos permiso de obrar, Dios nos llama a una vida mayor de lo que podemos imaginar. Él anhela adjuntar su currículum al nuestro, y posicionarnos para mucho más de lo que pensamos que sería factible.

Para algunos de ustedes, este Dios que estoy describiendo no es el Dios que conocen. Quizá nunca has creído en un Dios que cree profundamente en ti. Tal vez nunca has conocido a Dios como alguien que está personalmente involucrado en tus éxitos o fracasos, aparte de para infligir juicio o castigo. Quizá nunca has sentido que Dios te ve.

> ## Tu *incredulidad en Él* no niega su *credulidad en ti.*

La buena noticia es que tu *incredulidad en Él* no niega su *credulidad en ti.*

Las reglas que has seguido respecto a quién puede o no puede ser promovido cambian cuando comienzas a aceptar sus reglas de promoción. Sus reglas no están basadas en lo que puedes o no puedes hacer, o en lo que has hecho o has dejado de hacer. Están basadas en lo que Él ya hizo. E incluso si nunca le has conocido antes, hoy es un buen día para comenzar. No tienes nada que perder salvo todas las reglas y estipulaciones que limitaron lo que podrías ser.

¡Dios te está llamando a más!

VOLVER A ENCONTRAR IDENTIDAD

Sé que es arriesgado responder al llamado de Dios si nunca lo has escuchado o hace mucho que no lo oyes, pero recuerda que a pesar del riesgo, lo que te espera es mucho mejor que lo que tienes detrás. David debió haber conocido los riesgos de acercarse a la mesa cuando le llamaron estando en el campo. Debió haber sabido que el resto de sus hermanos habían pasado por el proceso de purificación antes de estar delante del profeta Samuel. Debió haber sabido que nadie le quería en la mesa, o de lo contrario le hubieran llamado antes.

Estoy seguro de que había algunas preguntas locas dando vueltas por su cabeza en el camino desde el campo a su casa. *¿Por qué me llamarán? Si nunca me han llamado antes, ¿por qué me quieren ahora? ¿Será una broma?* Imagino que nunca en sus sueños más locos se imaginó que estaba a punto de ser llamado rey. ¿Te imaginas la humillación a la que se arriesgó David al apresurarse a llegar desde el campo cubierto de polvo y suciedad, y ver a todos sentados en la mesa esperándolo? ¿Y después escuchar que le están ungiendo como rey de Israel? Sería como si un graduado universitario fuera invitado a la Casa Blanca por el presidente para que dirigiese el país. O sería como si el director general de una empresa llamara al conserje a la sala de juntas para que fuera su mano derecha.

Si crees que este tipo de reconocimiento es para los cuentos de hadas y las historias de la Biblia, entonces no has conocido a Dominic.

De niño, Dominic parecía estar destinado a la grandeza. Brillante con su mano para los números y para llevarse bien con las personas, sus iguales, maestros, y padres lo veían como el líder nato, como el que pondría el ejemplo. Cuando llegó el momento de entregar su solicitud para la universidad, la aceptación parecía inevitable. En cuestión de meses, llegó su carta de aceptación y Dominic parecía un claro ganador para una carrera empresarial, un puesto de ejecutivo y un salario de seis cifras. Pero Dominic nunca logró graduarse. Tras dos años alejado de casa en la universidad, la presión comenzó a carcomerlo. Estaba perdido e inseguro de sí mismo, pero no pensaba que podía acudir a nadie en busca de ayuda. Rápidamente su ansiedad se convirtió en depresión, y comenzó a retirarse de todos aquellos a quienes conocía. Los que le conocían bien no podían entender el cambio que se estaba produciendo en el joven que en otro tiempo era confiado, alegre y destinado para el éxito. Dejó los estudios y se apartó.

Menos de cinco años después, Dominic no tenía hogar, y trabajaba como conserje en una firma de contabilidad. Andaba con la cabeza agachada y hablaba solo con unas cuantas personas, pero le dolía ser parte de las conversaciones que escuchaba a su alrededor mientras barría los pisos de las oficinas. Anhelaba vestir un traje planchado como los hombres y las mujeres tras los que limpiaba. Quería desesperadamente conectarse con un mundo para el que obviamente estaba descalificado, pero él seguía soñando igual. Llegando antes que nadie y saliendo mucho después que el resto, Dominic se imaginaba lo que sería entrar, no como el ayudante, sino como un colega.

Conocí a Dominic en un evento de "Conoce y Saluda" de uno de nuestros recintos, y me sorprendió la elocuencia e inteligencia del joven demacrado que tenía delante de mí. Hablaba con una agudeza callada que aportaba tanto buena sabiduría como dura experiencia. Tras pasar unos minutos juntos, me miró con ojos que habían visto más que la mayoría de las personas con el doble de edad, y dijo: "Pastor, no creo que Dios esté contento con mi vida. Creo que estoy viviendo la vida errónea". El hambre en el rostro de Dominic mientras decía eso rivalizaba con cualquier hombre con diplomas en su oficina y dinero en el banco.

Siguió diciéndome que aunque había hecho todo lo equivocado en su vida, y se había alejado del camino que parecía estar dispuesto para él a una edad temprana, había conservado una relación con Dios. Seguía orando y seguía llevando consigo una Biblia de piel gastada, pero nunca había sentido que Dios estuviera genuinamente agradado con él. Dijo que iba a la iglesia cada semana porque sabía que era lo que debía hacer, aunque no se sentía digno de ir. Yo escuchaba calladamente, y cuando terminó le hice solo una pregunta: "Dominic, ¿crees que Dios te llamó a una vida de conserje?". Él se detuvo un buen rato, agachó su cabeza, y dijo calladamente: "Creo que no".

"Dom", dije, "solo porque estés leyendo su Palabra y asistiendo a la iglesia no significa que estés viviendo tu llamado. Dios te está llamando a algo más".

Durante los meses siguientes, Dominic comenzó a hacerse algunas preguntas difíciles. ¿Para qué propósito realmente fue creado en esta vida? ¿Qué le producía realmente un sentimiento de gozo y felicidad? ¿Qué estaría haciendo si no hubiera tomado las decisiones que tomó cuando era un joven estudiante? Lentamente, Dominic comenzó a darse cuenta de que aún le gustaban los números y las personas, y que su trabajo como conserje en una firma de contabilidad era una segunda oportunidad para ambas cosas. Decidió dar unos pasos para salir de su caparazón, y ver cada conversación que se produjera a su alrededor como una oportunidad para aprender. Observaba y escuchaba, y comenzó a entender más de lo que todos pensaban que un conserje pudiera saber.

Durante su almuerzo, se sentaba y hablaba con cualquiera de los contables que le dedicaban cualquier cantidad de tiempo para probar su cerebro. Para ellos, Dominic era entretenido. Para Dominic, ellos eran sus mentores. En seguida fue capaz de participar de sus conversaciones.

Un día mientras fregaba el piso veintisiete, uno de los contables interrumpió su trabajo, y pidió a Dominic que le siguiera. Entrando en la sala de juntas con su andrajoso uniforme, Dominic permanecía de pie avergonzado delante del panel de hombres con trajes impolutos. La empresa, explicaron los hombres, estaba comenzando un programa de asociación con una universidad local que permitiría que estudiantes tuvieran experiencia y empleo a través de su empresa. Le pidieron a Dominic que fuera su primer empleado estudiante. Sin habla, Dominic intentó explicar que ni siquiera estaba en la universidad, pero eso no le interesó al panel de hombres. El director general le extendió su mano, y Dominic la estrechó.

Como ves, mientras Dominic limpiaba baños, barría pisos y sacaba la basura, Dios le estaba preparando para mucho más. Dominic solo necesitó dejar que Dios rompiera las reglas.

ALGUNAS REGLAS ESTÁN HECHAS PARA ROMPERSE

¿Cuántos hemos mirado nuestra propia vida, y nos hemos preguntado lo mismo que Dominic? ¿Cuántas veces hemos ido a trabajar exteriormente, pero por dentro no hemos ido ese día? ¿Alguna vez hemos operado a medias en casa, en la escuela o en el trabajo porque no obtuvimos el reconocimiento que sentíamos que merecíamos?

Estudios recientes de Gallup nos dicen que más de la mitad de los empleados están[1] desconectados o activamente desinteresados en el trabajo.[1] ¿Podría ser que la mayoría de nuestra fuerza laboral ha perdido el corazón para seguir su pasión, y en su lugar van tras un cheque aunque les haga sentirse miserablemente mal? ¿Aún seguimos persiguiendo el llamado de Dios? Para recibir el reconocimiento del hombre, tendrás que seguir las reglas del hombre. Y el reconocimiento del hombre podría llevarte al éxito, pero nunca te llevará a la *satisfacción*. La satisfacción solo llega al dejar que sea Dios quien te reconozca.

---

1. Ver Amy Adkins, "Majority of U.S. Employees Not engaged", Gallup.com, 28 de enero de 2015, http://www.gallup.com/poll/181289/majority-employees-not-engaged-despite-gains-2014.aspx (consultado en línea 15 de mayo de 2017).

Esta es la belleza de esto: que Dios te reconozca te da el permiso de romper las reglas en tu vida que necesitan romperse para que puedas vivir la vida para la que fuiste creado.

Cuando permitimos que las reglas nos *definan*, perdemos el propósito que está detrás de las reglas.

Cada regla que te limitó realmente tiene la intención de liberarte. Solo cuando permitimos que las reglas nos *definan*, perdemos el propósito que está detrás de las reglas. Sin reglas que te detengan, nunca aprenderías cómo vencer los obstáculos. Sin reglas, nunca habrías descubierto el valor y la fuerza para encontrar nuevos métodos. Sin reglas, nunca te hubieras encontrado con tu yo verdadero. Dios usa las reglas del hombre para acercarnos a Él y a su verdadero plan para nuestra vida. Si te detienes demasiado pronto, nunca experimentarás la lección de vida que hay detrás de una regla rota.

Al igual que Dominic, todos queremos saber que es posible un final distinto para la historia que actualmente estamos viviendo. Queremos saber que no estamos tan solo dando tumbos sin una luz al final del túnel. La verdad es que todos necesitamos el reconocimiento de Dios y del hombre para vivir con un nuevo conjunto de reglas para el éxito.

Piensa en un niño o adolescente al que disciplinas con reglas. *No toques una plancha encendida. No llegues más tarde a casa de lo permitido. No hables con desconocidos.* Aunque estas reglas son apropiadas durante un tiempo, no esperamos que nuestros hijos se adhieran a ellas pasada cierta edad. No esperamos que nuestros hijos adultos nunca toquen una plancha encendida, lleguen tarde a casa o hablen con desconocidos. Han sobrepasado estas reglas. No es que no fueran necesarias en sus años más jóvenes, sino que simplemente las han superado.

Para nosotros sucede lo mismo con Dios. El problema es que a veces incluso como cristianos maduros, seguimos aferrándonos a reglas que hemos sobrepasado. Es tiempo de soltar algunas de las reglas que aún te tienen cautivo hoy.

No todas las reglas son para romperse, pero no todas las reglas son para permanecer.

Si ves que te chocas contra una pared una y otra vez en un área de tu vida, es una gran señal de que quizá esa sea un área de tu vida que necesita un nuevo conjunto de reglas. Si parece que no puedes conectar con tu cónyuge o tus hijos, puede que necesites algunas nuevas reglas de comunicación para tu hogar. Si estás sentado en tu despacho día tras día sin vida o propósito, puede que necesites un nuevo manual interno del empleado. Si te cuesta ayudar a tu iglesia a alcanzar a la siguiente generación, es una oportunidad perfecta para probar nuevas reglas de conexión.

No todas las reglas son para romperse, pero no todas las reglas son para permanecer.

Escoger vivir una vida dirigida por el libro de reglas de Dios, en vez de las del hombre, produce un reconocimiento que resuena mucho más hondo que cualquier premio u honor tangible. El reconocimiento de Dios de una vida marcada por su llamado es más abundante, amplio y profundo de lo que pueden comprender la mayoría de las personas. Su voz diaria te animará incluso en tus días más sombríos. Su presencia constante te guía cuando no estás seguro de qué dirección tomar. Su camino de favor te endereza cuando dudas entre las reglas antiguas que has conocido, y las reglas nuevas que estás aprendiendo.

CUANDO ERES ESCOGIDO POR DIOS, Y NO SOLO LLAMADO POR EL HOMBRE

Sé esto con certeza: mis propias aspiraciones palidecen en comparación con lo que Dios ha escrito para mí. Todo lo que intenté lograr por mí mismo nunca se ha acercado a lo que Dios me ha permitido ser parte desde que le entregué las reglas de mi vida. Ningún reconocimiento humano se ha comparado jamás con oír y saber que Dios está agradado con mi vida. Por estas razones confío en la voz de Dios, aunque eso signifique que tengo que romper algunas reglas para obedecerle.

¿Qué reglas te está pidiendo Dios que le dejes romper para ti? Si puedes reconocer lo que se debe romper en ti, Él puede hacer el trabajo por ti. E incluso si no puedes ahora mismo, ¿le permitirías comenzar esta conversación contigo? Cuando comiences a abrir tus ojos al hecho de que Dios no está limitado a las reglas del hombre, puede que te sorprenda ver cuántas reglas arcaicas has sobrepasado en la nueva etapa de tu vida.

Hoy tu vida es la suma de las reglas que has necesitado, y las reglas que has necesitado sobrepasar. Ya sea que te sientas como David en el campo, que ni siquiera apareció para la posibilidad de ser escogido, o como Dominic, que aparentemente había perdido la oportunidad de llegar a ser algo, aún no estás fuera de la pantalla en el radar de Dios. Él ha estado esperando el momento oportuno para intervenir, y llamarte de la oscuridad. Ahora es ese momento. Tus ojos y oídos están abiertos a la posibilidad de cosas para las que antes estaban cerrados, y ahora Él puede comenzar a susurrarte las cosas que ha querido depositar en tu corazón.

Si no creciste en un hogar que abiertamente reconocía tus logros, puede que te resulte difícil creer que Dios quisiera reconocerte. No te acercarás con la expectativa de oír su alabanza. No te permitirás el derecho de entrar en el gozo de agradarlo a Él. No vivirás para oír sus palabras de aprecio y reconocimiento. Dios quiere reconocerte, pero tienes que dejar que Él rompa las reglas que has seguido con respecto a Él, y que te impiden creer que está dispuesto y es capaz de reconocerte y celebrarte por un trabajo bien hecho.

Ya sea que te haya reconocido el hombre o no, puedes experimentar ahora la voz de reconocimiento de Aquel que es distinto a todos. Su reconocimiento no es por accidente o por error. No es por lo que has hecho o has dejado de hacer. No es dudar o cambiar. Dios te llama porque tuvo la intención de llamarte, antes incluso de que dieras tu primer aliento. Él estaba convencido de que tú eras la respuesta antes de que abrieras tus ojos o pronunciaras tu primera palabra. Él puso su ADN dentro de ti para crear una vida tan vasta, tan impresionante y tan destacada, que no pudiera estar limitada a reglas.

Decidió mucho antes de que formara la tierra que tú eras aquel a quien Él llamaría.

Por increíble que esto pueda parecerte, ¡es cierto!

De hecho, incluso me atrevería a decir que la razón por la que Dios me desafió durante años a escribir este libro eras *tú*.

Cuando yo pensaba que nadie creería en un Dios que rompe las reglas, Él te veía a ti. Él vio la fe que tendrías en este momento para creer que eres llamado para algo más, llamado para ser grande, y llamado por Dios. Él sabía que por cada momento que pasaste siendo subestimado, Él te devolvería más momentos de reconocimiento de lo que te pudieras imaginar: el reconocimiento de Él y el reconocimiento de otros. Él sabía que por cada posición para la que te sentiste descalificado, Él añadiría sus propias calificaciones a tu currículum, y te daría más oportunidades de las que jamás podrías haber soñado. ¿Por qué haría Él eso por ti? Por la misma razón por la que lo hizo por mí, por David y por Dominic. Si Él puede convencerte de que es el Dios que rompe las reglas para llamarte, puede usarte para convencer a las personas que te rodean.

¿Cómo es que Dios te reconozca, y no solo los hombres?

Cuando vives una vida marcada por el llamado de Dios, abordas cada día con un sentimiento de propósito y determinación que no está definido por las reglas de éxito como las entiendes hoy. Significa que puedes irte a la cama cada noche sabiendo que has hecho todo lo que podías haber hecho para lograr todo lo que Él desea de ti. Ya sea en el ámbito empresarial, médico, educativo, ministerial o parental, usarás cada don, talento y habilidad que tienes para marcar una diferencia. Disfrutarás cada momento porque reconoces cada momento como una oportunidad para crecer, aprender y avanzar hacia el sueño que Él tiene para ti. Y vivirás sabiendo que no fuiste creado solo para vivir una *carrera*; naciste para vivir un *llamado*.

El carmesí es más blanco que la nieve.

5

DE RECHAZADOS A REDIMIDOS

"La humanidad es un océano; si unas cuantas gotas del océano
están sucias, el océano no se ensucia por completo."
—Gandhi

Cuando era un niño, uno de mis libros favoritos era *Harry the Dirty Dog* (Harry, el perro sucio). Un revoltoso perro blanco con manchas negras llamado Harry se escapa de sus amos para evitar lo que más odia, que le den un baño, y disfruta un día de pura libertad. Se encuentra en el paraíso de los perros cuando recorre la ciudad sin llevar correa por los parques, los charcos, y las obras en construcción. Pero al final del día, está tan sucio que ahora es un perro *negro* con unas cuantas manchas *blancas*. Cuando regresa a su casa, ¡está tan descolorido que su familia ni siquiera lo reconoce! Desesperado por demostrar su identidad, Harry corre escaleras arriba hasta la bañera, y ruega que le den lo que más aborrece. Confiados de que ese no es *su* perro que tanto odia los baños, pero con lástima por el perro que piensan que se ha perdido, la familia procede a bañar a Harry.

Cuando sus amos comienzan a lavar la evidencia de su escapada, se dan cuenta alegremente de que este animal lleno de suciedad es su amada mascota familiar. Como todos los finales felices, Harry es amado y cuidado por su familia, y restaurado a su aspecto de perro blanco con manchas negras.

Quizá fue el pastor en mí que no sabía que existía cuando era niño, pero esa historia me habló a una firme creencia que tenía incluso de niño, de que no importa cuánto me pudiera ensuciar en la vida, siempre podría regresar a casa. No fue hasta muchos años después cuando me di cuenta de que esta verdad no era la historia de todo el mundo.

LA HISTORIA QUE NO CUENTAN LAS REGLAS

Por fuera, Brian era apuesto, accesible y perfecto. Pero los ojos de Brian contaban una historia totalmente distinta. Llevaba las innegables marcas del lamento, el dolor y la vergüenza que no podían ocultarse detrás de una sonrisa. Durante más de diez años, Brian había luchado con una vida secreta de homosexualismo. Vivía con fantasías calladas y secretos enterrados, a la vez que luchaba con demonios internos que no tenía ni idea de cómo silenciar. Había tenido varias relaciones, pero ninguna pudo calmar las oleadas de confusión y duda que le rodeaban. Tras una década de intentar encontrar respuestas para su vida, ya no pudo más. Quería desesperadamente entenderse a sí mismo, y encontrar paz para la feroz tormenta con la que vivía cada día. Estaba enojado con Dios, enojado con la iglesia, y enojado con quien él creía que era desde su nacimiento.

Había crecido en un hogar religioso, pero le costó encontrar su identidad como adolescente. Buscando significado, se apoyó en personas que lo recibieron con los brazos abiertos, pero pronto descubrió que había entablado amistades que le seducían apartándolo de Dios cada vez más. Rodeado por voces opuestas, Brian se sentía sucio y manchado en cualquier sitio al que iba. No podía ir a su casa donde sus padres y su familia ya no le reconocían. No podía volver con amigos que no querían tener nada que ver con su búsqueda de Dios. Estaba demasiado sucio para buscar a Dios, y demasiado limpio para seguir viviendo una mentira. Así que cruzó las puertas de nuestra iglesia.

La mayoría de las personas no entendían por qué escogería ir a una iglesia que se oponía a la vida que él abrazaba, pero Brian estaba buscando respuestas. Intentaba entender vehementemente cómo el Dios que él conoció de niño podía crearle y después odiarle. Tenía preguntas para Dios que no podían seguir sin respuesta:

¿Estaba demasiado manchado para volver a Dios? ¿Querría acaso Dios que volviera? ¿Sería capaz algún día de limpiar las manchas de una vida que no estaba seguro de seguir aceptando? ¿Sería capaz de vivir la nueva creación que Dios le había llamado a ser, sin que las viejas manchas de su pasado destiñesen?

Luchaba con Dios una y otra vez hasta que finalmente completó el círculo en su relación con Él. Las manchas de Brian de su antigua vida eran la razón por la que se mostraba combativo y enojado con Dios, pero cada vez que Brian explotaba, Dios le recordaba amorosamente que su manchada vida no era suficiente para alejarlo. Lo que el mundo y la iglesia no podían lavar con reglas y estigmas, Dios lo limpió y santificó con su amor.

La historia de Brian comenzó con reglas que fueron rotas, y terminó con reglas que fueron rotas. En algún momento entre medio de que todas esas reglas fueran rotas por todas las razones erróneas, Dios intervino para decirle a Brian que Él veía al hombre que estaba tras esas reglas.

La historia de Brian es como la de innumerables personas que están inseguras de quiénes son y para qué han sido creadas. Se sienten demasiado manchados por el dolor de sus decisiones como para regresar a la vida que escogieron, y demasiado manchados con culpa y vergüenza para seguir hacia delante y cambiar.

A veces es necesario este problema de dolor para llevarnos a un lugar donde estemos listos para oír que la verdad nos llama. A veces es necesaria esta lucha para descubrir nuestra verdadera identidad que nos empuja hacia las cosas de las que hemos huido. A veces se necesita este abrumador deseo de salir de una vida que nunca quisiste vivir, para impulsarte hacia delante y no hacia atrás. Dios siempre parece mostrarse justamente cuando no nos queda ningún otro sitio a donde ir, y nadie más a quien acudir. Al igual que Harry, el perro sucio, incluso cuando nuestra familia y amigos no nos reconocen, Dios nunca deja de reconocernos, a nuestro verdadero yo. Él amorosamente nos recibe de nuevo en casa, y nos lava toda la suciedad de nuestras aventuras sin Él.

Incluso si ese proceso de limpieza es algo que aborrecemos y del que huíamos en el pasado, el amor y la gracia de Dios nos acercan de nuevo a Él una y otra vez. Él no nos espera en la puerta con acusaciones de dónde hemos estado o qué hemos hecho. Él espera con el agua corriendo para poder recordarnos que no somos negros con manchas blancas de bondad, sino que somos blancos por su gracia, con manchas negras de humanidad.

Las reglas que rompemos y las reglas a las que nos adherimos para demostrar al mundo quiénes somos en una toma rápida: buenos o malos, obedientes o desafiantes, respetuosos o rebeldes, sucios o limpios. En contraste, lo que las reglas *no* cuentan son las historias y los rostros que hay detrás de cada acto de obediencia o de ofensa. Como Brian, somos más que una lista de cosas que se pueden y no se pueden hacer, o de cosas correctas e incorrectas. Somos personas con una necesidad desesperada de un Salvador que no tiene miedo de ahondar en nuestras vidas sucias y mugrientas para rescatarnos y redimirnos por su sacrificio y su amor. Esa es la parte bonita del Dios que rompe las reglas. Él es el Dios que ve nuestras heridas, dolores y cicatrices; no solo las reglas que hemos roto. Aunque nuestra humanidad no nos excusa de ser obedientes a Dios, tampoco es el final de la historia para Él.

Lo que la mayoría de las personas ven en nuestra vida son las manchas de los pecados cometidos, y sin importar lo buenos que pensemos que somos, todos tenemos manchas. Si a cada uno de nosotros se nos exigiera llevar nuestros errores como un vestido, ninguno iría vestido de blanco ni antes *ni* después del Día del Trabajo. Si somos honestos con nosotros mismos, podemos admitir que nuestras decisiones, relaciones, hábitos y acciones durante el transcurso de nuestra vida es muy probable que hayan dejado suciedad en nuestra vida, que no parece salir por mucho que lo intentemos. No importa lo que hagamos por cubrirlas, de algún modo las manchas profundas, ya sean grandes o pequeñas, siguen apareciendo.

Intentar limpiar nuestros propios pecados o suciedad es como intentar pintar sobre una pared húmeda del cuarto de baño. Por muchas capas que apliquemos, los puntos negros delatores eventualmente volverán hasta que no tratemos el problema subyacente. Podemos intentar cubrir la evidencia, pero los efectos pueden seguir siendo dañinos aunque sean invisibles. Y ocurre lo mismo con nuestra vida. Si no abordamos los problemas subyacentes que están tras las manchas de nuestra vida, será solo cuestión de tiempo hasta que comiencen a aparecer de nuevo, y comencemos a experimentar los efectos. Podemos intentar cubrirlas con las capas de pintura que nos hacen sentir mejor por fuera, como justificarnos, excusarnos o defendernos, pero nunca elimina del todo la mancha interna.

Pero Jesús vino para exponer la mancha, borrar la mancha, y elevarte por encima de la mancha.

¿Exponer, borrar y elevar? Ahora bien, es aquí donde la paradoja de Dios comienza realmente a desplegarse. Dios no solo quiere lavar la suciedad de tu vida, sino también quiere posicionarte en un lugar como si nunca antes hubieras estado sucio en un principio. Él quiere lavar cada rastro de suciedad para poder abrir puertas para ti que el mundo dice que nunca se te deberían abrir. Él quiere llevarte de nuevo a un lugar de inocencia para usarte de maneras que otros digan que es imposible para alguien como tú. Él quiere limpiarte de toda injusticia para que pueda devolverte todo lo que perdiste, y mucho más.

Pero ¿*por qué*? ¿Por qué querría Dios bendecirte cuando el resto del mundo dice que Él te maldecirá? ¿Por qué te justificaría Dios cuando todo lo que has hecho merecería castigo? Porque Dios no se gloría en ver sufrir a su creación y a sus hijos. Dios nunca quiso castigar. Nunca quiso penalizar a quienes más ama. No es que obedecer o desobedecer las normas de Dios no tenga consecuencias, porque sí las tiene. Lo que ocurre es que la *primera* respuesta de Dios siempre ha sido la gracia, no el castigo.

¿CASTIGO O PROTECCIÓN?

Esta es una contradicción del Dios que la mayoría de las personas conocen y entienden. La teología ampliamente aceptada es la de un Dios que espera con anhelo que rompamos una de sus reglas para poder acudir rápidamente e invocar castigo. Sin embargo, las Escrituras apoyan a un Dios distinto, comenzando desde Génesis.

En el primer libro de la Biblia, Dios crea una utopía. Adán y Eva tienen todo a su disposición, y estaban libres para disfrutar de todo sin restricciones. Tan solo había una regla: no comer del árbol del conocimiento. Eso era todo. Uno pensaría que no sería muy difícil seguir una sola regla. Pero Adán y Eva fueron tentados, y la primera mancha quedó marcada en el tejido de la humanidad. El resto de la historia sigue detallando el castigo de Dios para sus pecados, y la desaparición de la vida perfecta que habían conocido. ¡No es exactamente la historia de un Dios que extiende gracia primero! Se ha contado una y otra vez durante generaciones como un modelo de lo que *no* se debe hacer. ¿El resultado? Generaciones de jóvenes crecen con la imagen de un Dios que está mirándonos a la espera de expulsarnos tras la primera ofensa que cometamos. Pero Dios no le dijo a Adán que iba a expulsarle del Edén si comía del árbol del conocimiento. Las palabras exactas de Dios fueron:

> *Y mandó Jehová Dios al hombre, diciendo: De todo árbol del huerto podrás comer; mas del árbol de la ciencia del bien y del mal no comerás; porque el día que de él comieres, ciertamente morirás.*
>
> (Génesis 2:16-17 RVR 1960)

Entonces ¿por qué Adán y Eva no murieron de inmediato? La regla de Dios fue específica. Su castigo estaba claro. Su mandato fue explícito. Pero el Dios que rompe las reglas intervino para romper sus propias reglas para salvarlos. Y eso no es todo lo que Dios hace. No solo perdonó sus vidas, sino que Dios también cubrió su pecado vistiéndolos en su desnudez para demostrar su perdón, en lugar de vergüenza.

Incluso más paradójico es el mandato final de Dios de protegerlos expulsándolos de Edén. ¿Qué? ¿No fue el castigo, y no la protección, lo que les expulsó del huerto? La gran mayoría de las personas que conocen esta historia bíblica a menudo olvidan un pequeño detalle que muestra una parte clave del corazón de Dios para la humanidad. No había un solo árbol en el huerto; había dos. No fue el árbol del conocimiento lo que les expulsó; fue el otro:

> *Y dijo Jehová Dios: He aquí el hombre es como uno de nosotros, sabiendo el bien y el mal; ahora, pues, que no alargue su mano, y tome también del árbol de la vida, y coma, y viva para siempre. Y lo sacó Jehová del huerto del Edén, para que labrase la tierra de que fue tomado.*
> (Génesis 3:22-23 RVR 1960)

¿Qué ocurriría si te dijera que Dios no los expulsó como un castigo por comer del árbol del conocimiento? ¿Y si la verdad fuera que Él los expulsó del huerto para que no comieran del árbol de la vida, y vivieran para siempre en culpabilidad, vergüenza y lamento? Esto significaría que el enfoque principal de Dios no fue castigarlos, sino protegerlos del tormento eterno que se habría producido si les hubiera permitido seguir en el Edén. Este contexto muestra que no fue el enojo lo que les expulsó, sino el amor. El amor los cubrió. El amor los protegió. Y el amor los favoreció. Aunque su castigo era evidente, su gracia para ellos fue incluso más evidente.

GRANDEZA EN LOS LUGARES DESORDENADOS

He conocido a demasiadas personas que viven con un temor constante a que la suciedad de sus vidas les "aparte" de la vida que Dios originalmente planeó para ellos. No ven a Dios como el Dios que romperá las reglas para salvarlos, cubrirlos o protegerlos. Ellos solo ven el castigo.

Si miras atrás a tu vida, ¿ha habido veces en que lo único que sentías era el castigo y enojo de Dios, en vez del amor y perdón de su gracia? ¿Es posible que quizá no vieras su corazón de gracia porque estabas enfocado en su mano de justicia? ¿Es posible que vieras solo su corrección, y pasaras por alto su afecto? ¿Es posible que te sintieras apartado de Dios por tus manchas, en vez de cubierto y cambiado por su amor y misericordia? Nuestros momentos más oscuros y sucios nos parecen los peores momentos para encontrar a Dios, ¡pero realmente son los mejores! Nuestras vidas sucias y manchadas sirven como una brújula que nos señala de nuevo a Dios cuando hemos probado todas las demás opciones por nosotros mismos. Como Adán y Eva, podemos intentar escondernos de Él, pero eso solo le impulsa a venir tras nosotros y preguntar: "¿Dónde estás?".

Hoy, ¿dónde estás? ¿Te estás escondiendo detrás de errores de los que no puedes alejarte? ¿Estás huyendo de un pasado que sigue alcanzándote? ¿Estás enterrado tras una montaña de listas, tareas y fechas límite para encubrir las piezas que faltan de una vida que desearías haber tenido?

Dondequiera que estés, Dios te está diciendo en una voz de perdón y amor incondicional: "¿Dónde estás? Porque yo estoy aquí a tu lado".

Quizá el aspecto más peligroso de escondernos de Dios es que mantiene nuestra perspectiva de Dios y de su gracia afectada por el temor y la culpa. A medida que nuestras decisiones personales comienzan a acumular manchas, barro y arrugas que nos aíslan de Dios, Él espera la oportunidad de traspasar las barreras que se han interpuesto entre nosotros y Él. Nos esforzamos por volver a levantarnos y limpiarnos porque nos imaginamos a Dios como un extraño distante cuyo corazón es inflexible, cuyo rostro es serio y cuya voz es silenciosa. Demasiados de nosotros hemos escuchado la voz condenatoria de las reglas que hemos roto, diciéndonos una y otra vez que Dios no puede usarnos si estamos sucios, embarrados y manchados. Y por eso el barro en nuestras manos permanece porque no sabemos qué hacer con él.

Con las manos sucias del campo y la ropa empapada en el hedor del estiércol, David es llamado no para ser castigado, sino promovido. De hecho, el profeta Samuel no solo le llama; él espera hasta que David llega manchado de pies a cabeza, como si fuera de la realeza.

> *Después Samuel preguntó: —¿Son estos todos los hijos que tienes? —Queda todavía el más joven —contestó Isaí—. Pero está en el campo cuidando las ovejas y las cabras.—Manda llamarlo de inmediato —dijo Samuel—. No nos sentaremos a comer hasta que él llegue.*
>
> (1 Samuel 16:11)

El padre de David dudó a causa de la condición de David, pero Dios no dudó. Cuando otros no están convencidos de que eres lo suficientemente bueno, limpio o santo como para que te promuevan, Dios seguirá mandando llamarte de todas maneras, para promoverte delante de todos los que dudan de ti. Y como David, Dios quiere que acudamos a Él admitiendo de manera pura y sincera dónde hemos estado, para poder confiar en Él con el lugar hacia donde vamos.

Ese es el peligro de las suposiciones: nos mantienen fuera de las posibilidades, en vez de llevarnos a la mesa de la promoción.

La sucia promoción de David representa para nosotros una oportunidad de que veamos un destello de un Dios del que todos nosotros necesitamos ver más. Quizá andes por áreas de tu vida, y te sientas totalmente descalificado por las manchas de tu propia vida, pero aprendemos de David que nuestra suciedad no determina su llamado. Dios mira más allá de las marcas del pecado para verte y posicionarte en lugares que nunca habrías imaginado. Para sus hermanos, David no era digno de estar en la mesa de honor, pero para Dios, David no era digno de estar en el campo. Su familia estaba contenta con dejarle fuera porque su perspectiva de él estaba basada solo en quién era David por fuera. El mundo, y a veces incluso la iglesia, te dirá que lo que hay por fuera importa más, pero Dios romperá todas las reglas existentes para mostrarte que Él ve y piensa de forma contraria al mundo. Dios vio dentro de David, incluso aunque las manchas externas le rompieron el corazón. David era solo un joven, pero Dios vio cada mancha de su pasado, presente y futuro, y aún así, lo mandó llamar.

Dios sabía que si se aferraba a las reglas, David no sería quien había de ser ungido. Según las reglas tradicionales, tendría que ungir a Eliab, el primogénito, pero Dios también sabía que vivir según esas mismas reglas daría como resultado un rey que no era distinto al que estaba derrocando: Saúl. La única opción que Dios tenía era romper las reglas para romper un patrón de liderazgo. Saúl era el tipo correcto por fuera, pero erróneo por dentro. David era el tipo erróneo por fuera, pero correcto por dentro. Cuando Dios dijo que iba a promover a un hombre conforme a su corazón para reemplazar a Saúl (ver 1 Samuel 13:14), le estaba diciendo al mundo que Él valoraba el interior de un hombre más que las reglas que veían meramente el exterior.

Patrones y tradiciones pueden mantenerte cautivo de las costumbres que te mantienen en suposición en vez de anticipación. David *suponía* que el profeta no estaba allí por él, así que no anticipó ni esperó nada para sí mismo. Su padre suponía que era el primogénito, no el más joven, así que no anticipó que David fuera invitado a entrar. Ese es el peligro de las suposiciones: nos mantienen fuera de las posibilidades, en vez de llevarnos a la mesa de la promoción. No fue el profeta quien mantuvo a David fuera. Fue la suposición y la tradición lo que le descalificó.

Lo que tenemos que recordar es que David sabía que estaba sucio. Sabía que estaba descalificado. Sabía que era el más joven, no el mayor. Sabía que no pasaría por los rituales de purificación que tuvieron sus hermanos. Sabía que estaba manchado. No negaba sus ineptitudes, pero tampoco negaba las capacidades de Dios. Cuando le llamaron, acudió. No se quedó afuera con dudas, temores o vergüenza. Confió lo suficiente en Dios como para acudir sucio delante de su padre, su hermano y el profeta Samuel, para admitir que aunque estaba sucio por fuera, estaba purificado por dentro.

Aunque sus hermanos estaban limpios tras haber pasado por el proceso de purificación, David debió parecerles detestable ante ellos, con sus manos y ropas manchadas por el barro y el polvo en cada arruga y pliegue. Pero no creo que Dios lo viera así. Creo que si nosotros pudiéramos haber visto a David caminando por el campo hacia la mesa desde la perspectiva de Dios, habríamos visto cada pecado pasado, presente y futuro despegándose de David con cada paso que daba. Cuando David finalmente llegó a la mesa, Dios probablemente vio a un hombre vestido de la pureza de su amor y gracia, en lugar de un hombre manchado de barro de la cabeza a los pies.

Por eso cuando el profeta Samuel le vio, vio a un hombre listo para la promoción, en vez de la condenación.

La verdad es que hay grandeza aun en los lugares más sucios.

Cuando Dios envió a su propio Hijo a nacer, no vino de un lugar que nosotros esperaríamos. No nació en una bonita casa en las afueras con césped verde, o en una sala de hospital con enfermeras atentas y adorables. No, el Hijo de Dios nació en un *establo* y lo pusieron en un *pesebre*, donde el repugnante hedor de estiércol y la basura inundaba el aire.

Fue en ese inimaginable, detestable y sucio lugar donde el Hijo de Dios respiró por primera vez.

¿Por qué querría Dios estar asociado con la suciedad? Quizá porque Dios sabe que nuestro hedor es realmente una oportunidad para que Él reciba la gloria de nuestra historia, a fin de que el mundo pueda ver que el único que podría limpiarnos es Dios. Quizá es porque Él sabe que nuestras manchas son meramente un indicador de nuestra profunda necesidad de Él. Quizá sea porque nuestras vidas manchadas son las piezas perfectas en una historia que Dios está escribiendo al mundo, que demostró su infinito amor y deseo de darnos una segunda oportunidad.

Dios no es como el mundo. Él ve belleza en los lugares más oscuros, y dignidad en las vidas más sucias. Él quiere que el mundo sepa que lo que ha sido desechado y menospreciado por la descalificación tiene el potencial de ser aceptado, aprobado y anunciado debido a su santificación.

CUANDO DIOS SANTIFICA A LOS MANCHADOS

La mayoría de las personas, al igual que David, no necesitan que nadie les señale las manchas de su vida porque las conocen muy bien. Ellos ya ven las manchas de las decisiones que llevan con remordimiento. Ya ven los lugares de su vida que están rotos y débiles. Necesitan a alguien que les señale a un Dios más grande que mire más allá de todo eso. Necesitan un destello de un amor mayor, una esperanza mayor y un futuro mayor que su pasado.

"Ellos" quizá puedan ser tu cónyuge, tus hijos, tu mejor amigo, tu padre, o incluso tú mismo. En algún momento en la vida de cada persona, todos hemos sentido que somos "ellos". Hoy Dios quiere que todos los "ellos" sepan que Él les está llamando a convertirse en "sus". Cuando llegamos a ser "sus", miramos más allá de nuestras propias manchas para ver la imagen que Dios tiene de nosotros desde el interior.

Del mismo modo que compartes los atributos de la familia en la que has nacido, Dios quiere que compartas su pureza y autoridad al convertirte en parte de su familia. Él quiere que finalmente sueltes la imagen fragmentada que has llevado de Él y de ti mismo, y que en vez de eso te veas como Él te ve. Aunque no siempre puedes verte más allá de tus manchas, Dios no puede verte sin ver primero lo que su Hijo hizo en la cruz para purificarte.

Deja que Él sea el Dios que rompe las reglas para ti aquí mismo, ahora mismo.

Aceptar lo que Él ha hecho como una realidad mayor que lo que tú has hecho le permite a Dios romper los muros de preceptos religiosos para darte una imagen precisa de una relación genuina con Cristo. A través de Cristo, ahora puedes encontrar el valor y la fuerza para aceptar el proceso de purificación que amorosamente te guía y te corrige, en vez de excluirte o castigarte. Y a medida que se produce este proceso de purificación, comienzas a estar abierto a las cosas que antes creías que estaban cerradas para ti. Comienzas a ver todas las cosas a través del ámbito de la posibilidad, en lugar de verlas a través del marco de la vergüenza. Y todos los argumentos y razones por las que no deberías entrar en el llamado y la promoción ahora son expuestos como reglas que Dios está rompiendo para revelar por qué sí *debes*.

Ya sea que nunca hayas conocido a Dios o que lo hayas conocido desde siempre, la paradoja de la santificación de Dios es donde la mayoría de las personas tropieza una y otra vez. Nuestra humanidad fue reescrita en el huerto del Edén con una tendencia a fallar, y para muchos eso se convierte en un cementerio de sueños olvidados, corazones rotos y espíritus derrotados. Con cada decepción, cada error y cada pecado, nos escondemos más aún detrás de los arbustos de culpa, y olvidamos que a Dios no le sorprenden ni le desaniman nuestras manchas. No podemos imaginar en verdad la profundidad de su llamado redentor porque no podemos entender la paradoja de su amor. Es ilógico e incomprensible.

Sin embargo, nuestra incapacidad para entenderlo no lo niega. Él no necesita nuestra comprensión para demostrarlo. Él no necesita nuestro entendimiento para revelarlo. Solo necesita que creamos que Él puede hacerlo. Cuando Él te llame, no te quedes en el campo debatiendo. Sigue el ejemplo de David y entra. Deja que su voz limpie cada mancha con cada paso que des hacia Él. Deja que Él te lleve ante los que te odian, los que dudan y los detractores para mostrar su plan que quizá no se entienda, pero que al mismo tiempo no se puede negar. Deja que Él sea el Dios que rompe las reglas para ti aquí mismo, ahora mismo.

Cuando miras tu vida y ves todas las posibilidades hacia las que te ha dado tanto miedo caminar, Dios quiere que ahora oigas su voz llamándote a entrar desde el campo. Él quiere que entres viniendo de todos los lugares en los que has estado ahí afuera, para que Él pueda limpiarte, restaurarte y ascenderte. Él te está llamando desde la última fila para poder posicionarte para ser el *primero*. Los días de vivir en el hedor de tu pasado se han acabado. No importa con cuánto barro hayas vivido, es tiempo de ir a casa. Olvídate de todo lo que sucedió en el pasado para que puedas avanzar, sin olvidar nunca las lecciones que aprendiste de ello.

Ya no tienes las manchas que te mantenían atrás, y, más importante aún, tienes la sabiduría para no regresar jamás a lo que te manchaba. Una vida antes manchada es ahora una vida sabia que ha experimentado de primera mano no solo el dolor del lamento, sino también el poder de la redención. Un pasado antes manchado ahora se convierte en una imagen clara de un Dios para un mundo que solo conoce sus reglas.

Una historia imperfecta se convierte en la oportunidad perfecta de decirle al mundo que el cambio no solo es *posible*, sino que, cuando Dios vuelve a escribir tu historia, es *inevitable*.

La verdadera libertad se encuentra en la sumisión.

6

¿QUIÉN QUIERE EL ACEITE?

*"La unción de Dios no tiene sentido hasta que es
el único sentido de Dios que tenemos."*
—Anónimo

Una cosa es saber que has sido llamado a lograr grandes cosas, y otra muy distinta es tener los recursos, las habilidades y las capacidades para sacar adelante esa grandeza. La mayoría de las personas miran la tarea que tienen por delante, y después miran inmediatamente detrás de ellos a lo que tienen para terminar el trabajo. Con Dios, funciona de otra forma. Él no mira lo que tienes en tu caja de herramientas. Él mira más allá del ahora para ver tu futuro, a fin de planificar y prepararse para darte todo lo que necesites. Y de todas las cosas que necesitarás jamás, su unción es la herramienta sin la que no puedes vivir.

La palabra griega para "ungir" es *chrio*, que significa "untar o frotar con aceite" e implica "consagrar". A lo largo de la Biblia, personas eran ungidas con aceite para denotar la bendición de Dios e indicar su llamado en sus vidas. Eran consagrados, o "apartados", para un propósito específico. En la actualidad, la unción sigue siendo una parte integral del llamado de Dios. El aceite en sí mismo no contiene la bendición, pero sirve como un símbolo externo de la gracia, aprobación, favor y empoderamiento que Dios ha puesto sobre ti y en ti mediante su Espíritu Santo. Estar convencidos de que Dios puede romper y romperá las reglas por nosotros abre nuestro corazón y nuestra mente para que recibamos el derramamiento de su aceite.

Tener la unción de Dios es como tener un pase con acceso total para el éxito. Es su afirmación de que Él está detrás de ti, y te dará lo que necesites por el camino. Te lleva donde nunca antes has estado, y te da la visión para maniobrar obstáculos de una forma que no tiene sentido para ti.

Cuando Dorothy en *El Mago de Oz* se fue para ver al Mago, tuvo que seguir la carretera de ladrillos amarillos que le condujo hasta Espantapájaros, Hombre de hojalata, León cobarde, y finalmente hasta el Mago. Cada nuevo amigo le ayudó durante su travesía hasta que llegó sana y salva a casa en Kansas. Inicialmente, ella no sabía que necesitaba a Espantapájaros para darse cuenta de que necesitaba sabiduría, o a Hombre de hojalata para ayudarle a ver el valor de un corazón, o a León cobarde para darle el valor para continuar. Pero la carretera de ladrillos amarillos le guió a todo lo que necesitaba, e incluso le dio protección cuando su enemiga, la Bruja malvada, amenazó con detenerla para que no terminara lo que comenzó.

La unción se parece un poco a la carretera de ladrillos amarillos.

Te guiará a las personas, lugares, posiciones y protección que te ayudarán a cumplir tu llamado. Ahora mismo quizá te sientas un poco como Dorothy al comienzo de su viaje, llena de preguntas, temores y dudas, pero la respuesta para ti es la misma que fue para ella. Tan solo sigue: sigue la unción, sigue el llamado de Dios, y sigue la fe para dejarle romper las reglas que te han retenido.

PRIMER PLANO DE LA UNCIÓN DE DIOS

La unción de Dios es sencilla. Depende de Él, viene de Él y es para Él. Fácil. Veamos cada uno de estos aspectos en profundidad.

DEPENDE DE ÉL

En primer lugar y sobre todo, es *su decisión* sobre quién derrama su unción, y no la nuestra. La mayoría de las veces su decisión es contraria al razonamiento humano. Nosotros miramos a quién "debería" tenerla, mientras que Dios mira a quién la quiere. Él ve quién está hambriento de su llamado, en vez de quién está hambriento de un llamado para sí mismo. Él espera a derramarla sobre quienes están dispuestos a luchar para seguirlo a Él, en vez de querer luchar para que otros les sigan a ellos. Él llama y unge en base a lo que Él ve, no a lo que nosotros vemos.

Esta verdad frustra a las personas que se sienten con derecho a la unción a causa de lo que han hecho o con quién se han afiliado. Sin embargo, en la Biblia, el aceite no cayó sobre los experimentados o socialmente aceptables, sino que se derramó sobre los espiritualmente hambrientos y menospreciados. Hoy día sigue pasando por encima de reglas y estipulaciones para llegar a los que tienen un currículum de vida menor, para que ya no sean menospreciados más. El aceite se convierte en la seguridad para ti de que en medio de quienes no ven en ti lo que Dios ve, su unción sigue llegando para posicionarte sobre cada uno de los que dudan, critican y son escépticos. Es la personificación de las palabras de Jesús en el libro de Mateo: *"Porque muchos son llamados, y pocos escogidos".* (Mateo 22:14 RVR 1960)

Eres tú, y no hay una opción mejor que tú.
Su unción, aprobación y autorización
están sobre *ti*.

Tú no solo eres llamado. Eres escogido, consagrado y apartado para Él, para su llamado y para sus planes para tu vida. No tienes que luchar por las calificaciones o la aprobación para vivir la vida que has sido llamado a vivir. Ya la tienes. Ya está en ti. No estás en el banquillo esperando, deseando, soñando con una vida mejor. Has sido tomado del campo de los olvidados y llevado a la puerta de la grandeza, para que sepas sin lugar a dudas que el aceite ha caído sobre ti. Deja de esperar que Dios use a otro. Eres tú. Punto.

Permíteme decirlo de nuevo. Eres tú. Eres tú en casa, tú en el trabajo, tú en la escuela, tú en la iglesia, tú en cada círculo de influencia. Él te colocó donde estás, no para que fallaras o te rindieras, sino para que Él pudiera trabajar a través de ti para marcar una diferencia para Él. Deja de leer este libro pensando que es para otro. Dios escribió este libro para *ti*, contigo en mente, para que buscaras ese más de Él del que habías estado huyendo. Eres tú, y no hay una opción mejor que tú. Su unción, aprobación y autorización están sobre *ti*.

VIENE DE ÉL

Una vez que aceptas plenamente que su decisión es llamarte y ungirte, la siguiente regla que Dios rompe es la que te impide creer que su unción viene *de* Él, y solamente de Él. Las personas a menudo me dicen: "De acuerdo, si tuviera que creer que Dios me ha ungido, sería solo por x, y, z". Nuestro instinto es intentar explicar lógicamente por qué Dios nos ha llamado y escogido para ungirnos. Nos apoyamos en la mentira de que es debido a aquella persona o por esa razón, en vez de descansar plenamente en la verdad de que es solo porque Él ha estado esperando el momento de mostrarte quién eres realmente para Él. No es porque Él colaboró con tu amigo cristiano o tu pastor para convencerte de que hicieras más o fueras más. Él y solo Él te creó, formó, llamó y ungió con *más* ya en ti, así que solo Él te está llamando a vivir ese más.

La unción en ti no depende de quién habla bien de ti y quién no.

Esto significa que la unción en ti no depende de quién habla bien de ti y quién no. Aunque nadie te vea ni dé una carta de referencia espiritual por ti, aún así Dios te unge solo en base a la referencia espiritual que su Hijo escribió para ti en la cruz. Él no te ha olvidado ni menospreciado, y por eso te trajo hasta este momento en tu vida. Deja de buscar una conexión santa para ser aceptado por Dios. ¡Jesús ya se ocupó de eso!

ES PARA ÉL

Tras haber aceptado que la unción depende de Él y viene de Él, el siguiente paso es aceptar que tu unción es *para* Él. La razón por la que Dios nos unge es para Él. La unción es su comisión. Cada idea brillante y concepto creativo con el que Él te unge para que avances es con el fin de que tu vida pueda servir como una cartelera que muestre las reglas que Él ha roto en ti. A través de tu historia, el mundo ve a un Dios distinto al que ellos han conocido. La unción en tu vida sobrepasa las normas dibujadas por las líneas sociales, culturales y religiosas para pintar una imagen más grande de Dios. Pinta sobre el tapiz de reglas anteriores para que sirva de recordatorio para los que nos ven, que Él nos ha calificado, escogido, santificado y ungido para un propósito mayor del que nuestras reglas preexistentes podrían permitir. Dios usa tu historia para demostrar que no hay reglas, pasadas, presentes o futuras, que puedan limitar la unción que comisiona, proveniente del Espíritu Santo en tu vida.

Cuando el aceite de la unción cayó sobre David, toda su vida cambió. Pasó de ser un pastorcito de diecisiete años a quien todos habían olvidado, a ser el siguiente rey de Israel. Con el paso de los años, me he preguntado si David tuvo alguna idea de lo simbólico que fue el aceite de la unción sobre su vida ese día que Samuel apareció en la casa de su padre. Una parte de mí piensa que no pudo haber entendido la enormidad y el significado del aceite de la unción a tan temprana edad, pero otra parte de mí recuerda que David era pastor. Y como pastor, David habría usado aceite para proteger a su rebaño. Las ovejas tienen un alto riesgo de atraer sabandijas e insectos que infestan su lana, se meten en las orejas de las ovejas, y eventualmente les causan la muerte. Para alejar los insectos, los pastores vierten aceite en la cabeza de las ovejas, haciendo que la lana quede demasiado resbaladiza para que un insecto pueda entrar por el canal del oído. El aceite era la manera que tenía un pastor de proteger y preservar al rebaño. David debió haberse sentido como una de las ovejas de Dios, siendo protegido de todos los insectos que amenazaban con adentrarse en sus oídos y matar el futuro al que Dios le había llamado. Debía saber que el aceite que fluía desde las manos de Samuel a su cabeza era la plenitud del amor de Dios sobre él. Sus hermanos lo vieron. Su padre lo vio. Y aunque antes se habían olvidado de él, nunca más volverían a olvidarlo.

CUANDO LA UNCIÓN CAE SOBRE LOS MENOSPRECIADOS

Sam no planeó vivir en el segundo plano de la vida, pero es donde terminó. Pudo haber construido cualquier cosa con la experiencia de un diestro ingeniero. Recuerdo darle ideas trazadas a mano para algunos diseños en una servilleta o un trozo de papel, y verlo crear eso con sus manos con mucha más excelencia de lo que yo podría haber imaginado. Era algo más que talentoso; estaba *ungido* para la construcción. Tenía una de esas historias que uno apenas podría creer que es cierta. Había llegado a nuestra iglesia, y había sido salvo tras unos años de batallar con las drogas y la violencia. Para quienes había en su pasado él era un criminal, pero para nosotros no era nada de eso. Lo veíamos como un hombre callado y generoso que había dado la vuelta a su vida para convertirse en uno de los voluntarios clave para ayudarnos a construir un capítulo en la historia de nuestra iglesia.

Un día recibí una llamada que me partió el corazón. Sin nosotros saberlo, Sam estaba en Estados Unidos indocumentado. Sus decisiones pasadas le habían alcanzado, y estaba siendo deportado a Tijuana. Sin un adiós. Sin despedirlo en oración. Sin una salida de agradecimiento. De la noche a la mañana, Sam se había ido.

Rápidamente volvió a un estilo de vida en las drogas para aliviar el dolor de tener que decir adiós a la vida y al hijo que había dejado en Estados Unidos. Se sentía desesperanzado, perdido y olvidado por Dios. Intentó mantenerse en contacto y encontrar una iglesia en Tijuana, pero estaba demasiado quebrantado como para seguir adelante. Aceptó lentamente la estrepitosa e incesante mentira de que Dios le había dejado y abandonado. Vivió temerariamente los ocho años siguientes sin preocuparse por su vida o su futuro, y terminó en una prisión en Tijuana. Creía genuinamente que iba a morir como prisionero, y que nunca volvería a poner los pies nuevamente en nuestra iglesia.

Durante casi una década Sam se sintió olvidado, pero Dios no había terminado con su historia.

Yo había perdido la pista de Sam con los años, y no tenía ni idea de que estaba en la cárcel. Lo único que sabía era que Dios estaba abriendo puertas para que nuestra iglesia construyera una iglesia dentro de una cárcel en

Tijuana. El primer día que entré en la prisión para reunirme con el carcelero, Sam no estaba en *mi* mente, aunque sí estaba en la mente de Dios. Entré por las puertas de seguridad a un descampado de tierra vacío, y escuché que alguien pronunciaba mi nombre: "¡Pastor Sergio!". Me di la vuelta y vi el rostro de un hombre al que no había visto durante años. Sam me miró con lágrimas en sus ojos, y en ese momento supe exactamente por qué Dios me había llevado allí.

> No importa cuál sea la cárcel en la que estés viviendo, no es el fin de tu vida.

Dios no se había olvidado de Sam. No había abandonado su plan de usarlo para edificar su reino. Dios me había llevado a una cárcel en otro país para construir una iglesia desde el polvo, para recordarle a Sam que Dios no había terminado de construir esperanza y fe en él. Se mire por donde se mire, no debíamos estar construyendo una iglesia en una cárcel de Tijuana. Había tantas reglas que cumplir que deberían habernos detenido. Pero ahí estaba yo, de pie en el sueño de Dios no solo para Sam, sino también para los miles de Sam que estaban en esa prisión, y que también creían que Dios se había olvidado de ellos.

Con su habilidad, Sam nos ayudó a construir una iglesia dentro de la cárcel del mismo modo que nos ayudó a construir una iglesia hacía más de diez años. La prisión ya no es un símbolo de pérdida para él. Ahora representa a un Dios que rompió todas las reglas para reconstruir su esperanza, valor y fe. Cada semana sirve junto a nuestro equipo para ministrar a los presos que creen que Dios se ha olvidado de ellos. Está haciendo lo que nunca pensó que sería posible. No importa lo lejos que se alejara Sam de Dios, no importa qué reglas y límites intentaran limitar su destino, y no importa cuántas veces había intentado abandonar, Dios nunca abandonó a Sam. Hoy, Sam sabe que el Dios que rompió las reglas para encontrarle nunca se olvidará de él.

NO ES EL FIN

No importa cuál sea la cárcel en la que estés viviendo, no es el fin de tu vida. No vas a morir en una prisión de un trabajo que odias. No vas a morir encarcelado en un matrimonio que ya no tiene esperanza. No vas a morir encarcelado por el temor, la preocupación y la pérdida. Dios ya ha diseñado un boceto de esperanza para construir dentro de la prisión de tu corazón, de tu mente y de tu alma un recordatorio de que Él te ve ahora como te veía antes. Tu vida no es el resultado de lo que has hecho o de quien has sido. Tu vida es la culminación de su unción mezclada con su gracia para protegerte y guiarte en cada periodo. Si le dejas derramar su aceite sobre ti ahora mismo, eso será lo que te sostenga en los altibajos que no tienen sentido para ti, pero que sí lo tienen para Él. Él sabe hacia dónde te diriges, y por qué te necesita ahí. Como demuestra la vida de Sam, Él cambia las cárceles de nuestra vida de lugares de dolor a lugares de paz.

¿Qué reglas necesitas que Dios rompa para que *tú* creas en *Él* como *Él* cree en *ti*? ¿De qué mentiras que se han metido en tu mente tiene que protegerte Dios? ¿Qué lugares de dolor tiene que transformar Dios para ti a fin de que confíes en su promoción?

Cuando yo oí por primera vez a Dios decirme que Él era el Dios que rompe las reglas, estaba más que reticente a hacer pública su revelación. No quería escribir un libro sobre un Dios que rompe reglas porque sabía lo que seguiría después. No quería estar ante miles, y decir lo impensable. Sabía que un libro acerca de las paradojas de Dios retaría a las personas porque me estaba retando a mí. Luché con Dios, luché conmigo mismo, luché con las editoriales, y luché con mi equipo para escribir un libro distinto, pero Dios no dejaba de hablarme. Intentaba predicar un sermón distinto mientras viajaba por el mundo, y Dios no me lo permitía. Una y otra vez, Él seguía llevándome de nuevo al concepto bíblico que yo quería evitar. Seguía diciéndome que mirase cómo Él había obrado previamente en las vidas de los que aparecen en la Biblia. Me preguntaba a mí mismo una y otra vez: ¿Cómo podía ser que el libro de las reglas de Dios fuera donde Dios me llevaba a verle romper las reglas? Era una paradoja para mí, pero seguí obedeciendo.

Y Dios seguía susurrándome una frase de la que no podría huir para siempre: "Sergio, yo rompí las reglas para encontrarte, y necesito que me ayudes a romper las reglas para encontrar a otros". Eran unas palabras que no podía negar. Mi vida es una historia de reglas que Dios rompió, y no podía esconderme de esa verdad. No soy el hijo del privilegio o prestigio generacional. No provengo de un linaje de pastores, autores u oradores. No tengo un currículum vitae con títulos de una de las universidades de la *Ivy League*. Lo que tengo es una biografía que incluye a dos padres inmigrantes que hablaban poco o nada de inglés, pero que hablaban con fluidez el lenguaje de la fe, la familia, la integridad y el honor. Tengo una historia de vida que incluye sentarse entre algunos de los hombres de fe más grandes que el mundo haya conocido jamás, hablar en algunos de los lugares más sagrados de Estados Unidos, y pastorear una de las iglesias más grandes del país durante casi dos décadas, junto a mi esposa y familia.

Tu fe en Dios atribuye toda su perfección a tu imperfección.

Dios es la única razón por la que he podido lograr cualquier éxito en mi vida, y Él es quien me sitúa y me eleva a lugares en los que no estoy calificado para estar. Dios es el que tomó al joven pandillero que había en mí, y me ungió para más. Dios es el que tomó al empresario en mí, y formó un hombre que solo se preocupa de los negocios de mi Padre. Dios es quien tomó mis aventuras como niño de diecisiete años, y me ungió con una misión para cambiar corazones.

Dios es quien rompió las reglas para llamarme, santificarme y ungirme, no por mi valía, sino por la suya. Y no es solo para mí. Es para todo aquel que quiera la unción más que cualquier otra cosa en esta vida. Es para todo aquel que luche con uñas y dientes para creer en un Dios mayor que el que ha conocido o del que ha oído hablar antes. Es para cada persona, joven o anciana, que se levante y rehúse ser definida por cualquier otra cosa que no sea el llamado de Dios en su vida. Es para todo aquel que crea en un Dios que puede romper y que romperá las reglas para encontrarle. Todo lo que te ha definido hasta este momento no tiene que definirte durante el resto de tu vida. No importa cómo comenzaste, Dios puede terminar tu historia como originalmente quiso que fuera. No tienes que provenir de la grandeza para nacer a la grandeza. No tienes que tener un linaje de prestigio para ser relacionado con la prominencia. No tienes que tener un pasado sin tachas para tener un futuro favorecido. Tu fe en Dios atribuye toda su perfección a tu imperfección. Él lo cambia todo para cambiar tu pasado, presente y futuro.

Pero esto no ocurre de la noche a la mañana; es un proceso.

ESPERÁNDOLO FUERA

Cuando leemos la historia de David, es fácil olvidar que aunque fue ungido rey siendo joven, realmente no llegó a ser rey hasta que cumplió treinta años (ver 2 Samuel 5:4). Eso es más de una década de tiempo entre el llamado y la unción de Dios, y el cumplimiento de ese llamado.

¿Cómo sería esa década de espera en tu vida? ¿Tendrías dudas después de un año? ¿Cinco años? ¿Diez años? ¿Comenzarías a cuestionar la validez de ese día en que el profeta apareció en tu casa? ¿Tendrías la misma expectación y anticipación a los treinta que tenías con diecisiete? Si somos sinceros, todos probablemente nos habríamos preguntado si quizá oímos mal. Puede que todos pensáramos que lo perdimos por el camino.

Lo que sucede desde el momento en que somos llamados y ungidos hasta el tiempo en que vemos el cumplimiento del llamado es lo que yo llamo "el proceso". Y nadie escapa del proceso. Todos tenemos que hacer el recorrido desde David hasta el rey David. Es aquí donde he visto a algunos chocarse y arder, y a otros despegar y volar. Todo depende de cómo recorras este proceso de tu unción.

David tuvo que experimentar inseguridades, celos, temor, soledad, sumisión y oposición. Tuvo que madurar para llegar al trono antes de poder recibir el trono. Se produjeron incontables momentos por el camino en los que David podría haber abandonado, haberse alejado, negado su llamado o perdido la esperanza, pero creció *en* Dios en vez de alejarse de Dios. Nuestra disposición a dejar que el proceso de unción forme en nosotros lo que Dios necesita formar es un proceso que no se puede encontrar en las reglas, sino solo en la relación.

Cuando miramos con más detenimiento la vida de David en las Escrituras, vemos que fue ungido tres veces en su vida. La primera vez fue como joven de diecisiete años cuando Dios reveló su identidad públicamente (ver 1 Samuel 16:13). La segunda vez fue después de la muerte de Saúl cuando David fue ungido públicamente para ocupar su lugar como rey (ver 2 Samuel 2:4). Fue ahí donde Dios reveló su confirmación públicamente. La tercera vez fue cuando Dios amplió la influencia y autoridad de David a todo Israel (ver 2 Samuel 5:3). Esta unción significó el pacto de Dios públicamente, no solo para David, sino también para la nación entera. Antes de su unción final, Israel estaba rota, dividida y débil. Mediante su tercera unción, David pudo unificar una nación con Dios y unos con otros, dibujando una imagen de Dios y su unción que se parecía mucho a la forma de la cruz. Sin embargo, fue un proceso: antes de llegar a una influencia ampliada, tuvo que soportar el valle de la humillación y después incluso la sombra de muerte, como consecuencia de su pecado como rey. Lo que nació en la primera unción de David murió en su segunda unción, y después fue resucitado en la tercera unción. Sin embargo, en cada unción y durante cada etapa entre medio, Dios estuvo con David, y siempre le recordó que Él no había cambiado de parecer.

Este proceso en David no es solo evidente en la vida de David. También es parte de tu viaje.

Hoy, quizá te sientas como el jovencito que está oyendo el llamado de Dios, y sintiendo la unción de Dios caer sobre ti por primera vez. O quizá eres el David de treinta años entrando en su segunda unción sin idea alguna de cómo caminar en ella. O tal vez hayas vivido durante años sabiendo que Dios te ha ungido, pero sigues luchando para vencer la división, la resistencia y los obstáculos del pasado. Sin importar la etapa en la que estés en el proceso de Dios de crecimiento, debes saber que lo que te espera durante el camino es *más*. No importa dónde estés en tu unción con Dios, Dios no se ha olvidado de ti. Donde estás y lo que estás experimentando no es el final. Por encima de todo, no pierdas tu *deseo* de la unción. Dios nunca derramará su unción sobre quienes no la quieren, toda ella. Él busca a quienes quieran el aceite, pero también a los que están dispuestos a pagar el precio que sea necesario para conseguirlo y crecer en él.

Algunos han estado pagando un precio que nadie ha visto, durante más tiempo del que quizá recuerdan. Has tenido hambre del aceite de la unción durante tanto tiempo que te has preguntado si aún sigue valiendo la pena, si Dios aún quiere darte más, si no se habrá olvidado de lo que te prometió. Te aseguro que Dios ve el precio que estás pagando por aferrarte al llamado que aún no se ha materializado. Él sabe la angustia que has estado soportando para creer en una promesa que aún está de camino. Él no ha olvidado el día en que te llamó del campo. Él no ha olvidado la muestra pública de su afecto y aprobación con la que te colmó. Él no se ha olvidado de ti. Quizá quieras abandonar, pero Dios sigue contigo. Aún tienes otra unción en camino si sigues avanzando. No pierdas tu pelea por la unción. Está más cerca de lo que crees.

Quizá no tenga sentido por qué Dios te escogió cuando otros se olvidaron de ti. Puede que no sea comprensible cómo Dios puede derramar un aceite que al mismo tiempo te bendice y te cuesta. Quizá no sea lógico para ti la forma en que Dios puede promoverte públicamente mientras te procesa en privado. Esta es la paradoja de entrar en una vida ungida.

No tendrá sentido para ti porque te está redefiniendo a ti, tu futuro y las reglas que han estado interponiéndose en el camino. Dios comienza rompiendo las reglas para redefinir quién es Él para ti, y te conduce por el viaje de romper las reglas para redefinir quién eres tú para Él. La libertad de conocerlo a Él, escucharlo y seguirlo sin limitaciones puede ahora comenzar a soplar vida otra vez a esos viejos sueños, esperanzas pasadas y promesas olvidadas. En vez de un conjunto de reglas que te dejen con un "debería haber" o "no debería haber", Dios te da un nuevo lienzo de fe para reescribir "qué tal si" y "qué ocurrirá". Es el comienzo de una vida que ya no está marcada por reglas, estipulaciones y limitaciones, sino que ahora está marcada por el propósito, el poder, y la promesa en su unción. Él no se ha olvidado de ti y no ha cambiado de idea con respecto a ti.

Dentro de tu vida está el aceite de su unción para moldearte, formarte, posicionarte, promoverte y protegerte. No estás esperándolo. Ya lo tienes. Vive en esa realidad, y deja que se sobreponga a la realidad de un sistema de reglas roto que te ha tenido retenido, impidiéndote creer, anticipar y vivir el llamado de Dios.

Eres tú. Siempre has sido tú.

Hay victoria en la pérdida.

7

DULCE REIVINDICACIÓN

"Me considero a mí mismo como un lápiz de colorear…
Quizá no sea tu color favorito, pero algún día me
necesitarás para terminar tu dibujo."
—Lauryn Hill

Cuando Rosa Parks se negó a moverse a la parte trasera del autobús el día 1 de diciembre de 1955, no sabía que su nombre llegaría a ser sinónimo de uno de los movimientos por los derechos civiles más grandes de toda la historia. Lo único que sabía era que le habían estado cambiando de lugar, empujando y dando órdenes demasiadas veces debido al color de su piel.

Ella no estaba intentando iniciar una protesta en toda la ciudad, o un boicot de 381 días al autobús. Tan solo intentaba regresar a su casa después de un largo día de trabajo.

No estaba intentando reescribir la historia, pero cuando se le presentó la oportunidad de escoger entre levantarse o inclinarse, escogió levantarse. Ese pequeño acto forzó al mundo a darse cuenta de que si no estaban de acuerdo con una ley o una regla, tenían el poder de cambiarla.

En la vida de David no fue un conductor de autobús lo que se interpuso entre él y su futuro. Fue un gigante. Después de que David fue llamado y ungido delante de sus hermanos, tuvo que ser bastante difícil para él la convivencia en la casa. Probablemente no le entendían ni le querían mucho unos hermanos para los que la corona había pasado de largo. Probablemente es preciso decir que cuando los filisteos comenzaran una guerra, David *no* iba a ser aquel a quien sus hermanos quisieran con ellos en el frente de batalla. Pero un recado de su padre le colocó justo en medio de una oportunidad, algo muy parecido a lo que sucedió con Rosa Parks.

El padre de David le pidió que llevara la comida a sus hermanos al campamento israelita. Así que aquí está David tan solo intentando llevar comida, cuando escucha la pataleta y la burla de un gigante, el héroe filisteo, menospreciando tanto a él como a todos los israelitas. Nadie creía que Dios usaría a David para luchar contra Goliat. Usar a un muchacho sin experiencia en batallas era algo contrario a las reglas de la guerra. En ese momento, David tuvo que decidir dejarse usar para romper las reglas, y no ser movido por lo que el gigante o sus hermanos estaban diciendo. Tuvo que escoger ponerse de acuerdo con Dios, incluso si eso le ponía en desacuerdo con todos los demás. Tuvo la oportunidad de postrarse ante Goliat o de levantarse, y escogió levantarse.

Sus hermanos le llamaban orgulloso y entrometido (ver 1 Samuel 17:28). El rey Saúl le dijo que era demasiado joven (ver 1 Samuel 17:33). Y Goliat le dijo que era una broma con un palo (ver 1 Samuel 17:43). Pero Dios lo llamó un campeón.

Siempre que Dios rompe las reglas por ti para usarte de formas que son ilógicas e incomprensibles para otros, habrá momentos en que aquello en lo que te estás convirtiendo está en desacuerdo con aquello en lo que todos los demás quieren que te conviertas. Te pedirán que vuelvas a ser quien eras, al igual que hicieron los hermanos de David cuando le dijeron que se fuera a la casa. Te dirán que seas más como ellos, como hizo Saúl cuando intentó ponerle a David su propia armadura. Te maldecirán y se burlarán de ti, como hizo Goliat cuando David se acercó a él. Harán cualquier cosa para moverte de tu posición para que aquel que se lo merece más, es más aceptado o más privilegiado pueda ocupar tu lugar. No lo hagas. No creas la mentira de que no eres tú. No abandones el asiento que Dios te dio. No dejes que tu desacuerdo con ellos te haga discrepar con Dios. Si te mantienes en tu asiento a pesar de todo, terminarás cambiando algo más que a ti mismo. Comenzarás una ola de cambio en otros que no saben aún cómo levantar su voz, pero que están aprendiendo a hacerlo gracias a ti.

El poder de la reivindicación no es lo que dejas detrás, sino lo que llevas al futuro.

La posición que adoptas con Dios a expensas de ser menospreciado como alguien que rompe las reglas, inconscientemente da permiso a otros para romper las reglas que les han mantenido prisioneros también a ellos. Es más que una victoria; es una *reivindicación*. La reivindicación, la verdadera reivindicación, no se trata de demostrar que tienes razón; se trata de Dios demostrando al mundo que Él tiene razón. Él tenía razón al escogerte. Él tenía razón al ungirte. Él tenía razón al promoverte. Y Él tenía razón al romper las reglas para hacerlo.

Con demasiada frecuencia abandonamos nuestra propia historia porque no nos gusta el capítulo en el que estamos. Sentimos que si Dios realmente nos llamó del campo hasta el trono, nunca tendríamos que regresar al campo nuevamente. Pero eso no es cierto. El poder de la reivindicación no es lo que dejas detrás, sino lo que llevas al futuro como prueba de lo lejos que has llegado. El campo, o el pasado, no era un lugar al que David miraba con vergüenza. Era un lugar de victoria y reivindicación que le recordaba cada día que Dios le amaba tanto, que estuvo dispuesto a llamarlo del lugar más bajo al lugar más alto. En el campo, la realidad de Dios opacó su realidad.

Lo que en un tiempo fue un lugar de dolor, rechazo y soledad, ahora se había convertido en el lugar de la promesa de Dios.

EL TERRENO DE LA REIVINDICACIÓN

El terreno de la reivindicación para la mayoría de nosotros está manchado con lágrimas de dolor y marcado en el polvo con las huellas de unas rodillas desgastadas dobladas en oración. Mi esposa y yo conocemos ese terreno. Hace años vi cómo Dios le daba a mi esposa Georgina un terreno de reivindicación que trajo consigo un dolor mayor del que ella había experimentado jamás.

Pocos años después de comenzar nuestra iglesia, Georgina y yo recibimos la noticia de que estaba embarazada. Nos emocionamos desde el primer día, y cada día el rostro de Georgina resplandecía más y más de gozo con la promesa de otro hijo. Ella era la personificación de la vida, y eso se desbordaba hacia todas las demás áreas de nuestra vida. Estábamos enamorados el uno del otro, de nuestra familia, nuestra iglesia y nuestro futuro. Era un momento en la vida en el que el favor de Dios parecía venir desde todas las direcciones. Se lo dijimos a nuestra creciente iglesia, y públicamente dieron la bienvenida a la emoción y la dicha de un nuevo bebé De La Mora. Pasaban las semanas, y cada domingo mi esposa nos dirigía en adoración con su vientre creciendo cada vez más. Era uno de los tiempos más felices de mi vida, al verla adorar con libertad y puro abandono delante de Dios. Para mí nunca había estado más hermosa, y nunca olvidaré el gozo que ella irradiaba.

Pero al igual que una bonita puesta de sol que da su último rayo de luz antes de ocultarse por el horizonte, la oscuridad estaba al acecho.

Acababa de entrar en su segundo trimestre cuando se produjo el aborto. En un abrir y cerrar de ojos, nuestras esperanzas, sueños y gozo se habían ido. La angustia en el rostro de mi esposa mientras sollozaba en mis brazos era distinta a cualquier otra expresión que hubiera visto jamás en ella. Yo no tenía palabras que decirle mientras la abrazaba, a la vez que caían mis propias lágrimas. No hay lógica en un dolor tan crudo, y no hay consuelo que pueda apaciguar el dolor de una pérdida tan grande. Su dolor más privado pasó a ser público antes de que su corazón pudiera incluso comenzar a asimilar lo que a su mente le costaba entender. Nuestra familia e iglesia inmediatamente nos arroparon, y nos mostraron su amor de manera gigantesca, pero nada podía sanar la profunda herida interior que había partido el corazón de mi esposa. Ella se aferró fuertemente a Dios, y nunca pronunció una sola palabra de protesta a su voluntad, pero el dolor de perder una vida era insoportable para ella.

Llena de tristeza, acudió a lo único que sabía que sanaría su corazón: la adoración. La adoración se convirtió en su refugio. Era el único lugar donde podía acudir con su alma desnuda, e irse un poquito más restaurada cada vez. Subía a la plataforma con una transparencia vulnerable delante de Dios, y dirigía a nuestra iglesia en las letras y coros de esperanza, fe y triunfo. Con cada palabra que cantaba, la vida comenzaba a fluir de nuevo en su corazón, mientras permitía valientemente que Dios usara su dolor más íntimo y profundo para sus propósitos públicos. Mujeres que habían sufrido el mismo dolor se identificaban con ella, y tomaban prestadas sus fuerzas para encontrar el valor para seguir avanzando. Mujeres que nunca habían tenido hijos se apoyaron en la fe de ella para creer, mientras se aferraban a sus propias promesas. Mujeres que nunca habían conocido el dolor de ella estuvieron a su lado dándole apoyo y ánimo, mientras lloraban en silencio como muestra de gratitud por sus propios hijos sanos. Fue un vínculo de hermandad que cada mujer necesita, e irradiaba del valor de ella para experimentar públicamente su sanidad.

La plataforma de adoración se convirtió en su terreno de reivindicación, donde ella peleó por una promesa, un futuro y una esperanza que hablaban más alto que su abrumador dolor. Representaba una postura de victoria, no de derrota. Reflejaba su fe para sanar por la pérdida de nuestro hijo, y representaba una plataforma de rendición para ella, infundiendo una fe a nuestra iglesia que no se hubiera podido producir de ninguna otra manera. Muchas personas se preocupaban por el hecho de que hubiera vuelto a dirigir la adoración demasiado pronto, pero ella sabía que era solo mediante la guía y la fuerza de Dios que había tenido el deseo de volver.

Es absurdo que Dios usara una plataforma pública para sanar un dolor privado, pero eso es lo que hizo en la vida de mi esposa. Incluso mientras pasaba por ello, estoy seguro de que debió haber tenido dudas y preguntas que nunca verbalizó, sino que se mantuvo firme en que se haría la voluntad de Dios. Ella rehusó perder la esperanza del milagro de que Dios le daría la vuelta a su dolor y pérdida para un bien mayor. Y tenía razón. Tres años después, mi esposa dio a luz a una niña sana, alegre y llena de vida. Le llamamos Miracle Joy (Gozo Milagroso) porque eso es exactamente lo que Dios nos dio. Él tomó el insoportable dolor de la pérdida, y lo transformó en un milagro de gozo. Esos días, semanas y años de alabar a Dios en sus momentos más oscuros permitió que Dios le diera a Georgina una plataforma de reivindicación pública y privada. Miracle Joy es nuestro recordatorio de que sembramos en dolor, y cosechamos en gozo.

Tras experimentar la muerte a través de la pérdida de su abuelo y abuela, Miracle Joy nos dijo que había estado pensando en nuestro bebé que está en el cielo. Se preguntaba por qué había nacido ella, y el bebé antes que ella no. Intentaba entender un concepto confuso y miedoso como la muerte. Necesitaba una respuesta a las preguntas de su corazón que solo Dios podía responder. Y en su infinita fidelidad, Dios le dio a nuestra pequeña hija una respuesta que tenía más sabiduría de la que jamás he escuchado decir a ningún niño: "Dios me dijo que yo aún no estaba preparada". Para ella, el bebé que nosotros nunca tuvimos entre nuestros brazos fue enviado para preparar nuestros corazones para el que sí tendríamos: ella. Esta bonita conversación entre ella y Dios dio paz no solo a su pequeño corazón, sino también al nuestro.

ÉL LO PASÓ PRIMERO

En ese entonces, nunca imaginamos que el método de Dios de dar esperanza a las personas para su propio milagro se produciría mediante nuestra historia de pérdida. Si somos sinceros, no queríamos conocer esta parte de Dios. Queríamos conocerlo como el que da, y no como el que quita. No sabíamos cómo creer en un Dios que trabaja a través del dolor, la tristeza y la pérdida. Para nosotros, no era posible que el mismo Dios que nos ama infinitamente fuera el mismo Dios que nos permitía sufrir un dolor tan profundo. Nuestras reglas acerca de Dios eran que Él nos protege de la pérdida, no que nos hace pasar por ella. No conocimos verdaderamente al Dios de sanidad y restauración hasta que nos quedamos sin otro Dios en quien confiar.

La verdad es que Él rompió nuestras reglas acerca de Él, al romper nuestros corazones.

En los momentos más oscuros de nuestra vida es fácil perder de vista al Dios que queremos que encaje en nuestros moldes de lógica, entendimiento y razonamiento, y es en esos momentos cuando nos parece que Dios nos ha abandonado. Comenzamos a dudar de su plan y propósito para nuestra vida. Sentimos que ha roto las reglas de su carácter, así que sentimos la libertad de romper las reglas de nuestro compromiso con Él. Pero Dios nunca prometió que no fuéramos a sufrir pérdidas. Su Palabra nos enseña lo opuesto en el Evangelio de Juan:

> *Les he dicho todo lo anterior para que en mí tengan paz. Aquí en el mundo tendrán muchas pruebas y tristezas; pero anímense, porque yo he vencido al mundo.* (Juan 16:33)

La promesa de Dios para nosotros fue que tendríamos paz y victoria sobre el dolor, no que pudiéramos evitar el sufrimiento y el dolor. Cuando nos encontramos con la aflicción, es más fácil verlo como el castigo de Dios que como su proceso para perfeccionarnos. Nuestras reglas nos dicen que la vida se complica debido a un defecto en el carácter de Dios, en vez de que gracias a su método está obrando a pesar de los defectos del nuestro. Nuestras reglas ven la pérdida como su abandono, en lugar de una oportunidad para acercarnos a Él. Nuestras reglas nos susurran que somos víctimas, en vez de vencedores. Las mentiras comienzan a llenar nuestro corazón, y nos apartan de la relación con Él. Mentiras como:

Si Dios realmente me amara y se preocupara por mí, esto no me habría ocurrido.

Si Dios es quien dijo que es, yo no estaría pasando por esto.

Si Dios es tan bueno, no me seguirían pasando cosas malas.

La verdad es que Dios obra a través de lo bueno, lo malo y lo feo para mostrarnos que Él está por nosotros, con nosotros y junto a nosotros. Tan solo tenemos que estar dispuestos a dejarle caminar con nosotros durante el resto de nuestra historia, para saber cómo terminará todo.

Si Georgina hubiera decidido dejar de avanzar en su relación con Dios debido a su pérdida, nunca habría tenido a Miracle Joy entre sus brazos. Incluso cuando no vemos todas las piezas, debemos continuar confiando en que Él terminará el rompecabezas que no tiene sentido para nosotros. Aparte de lo dolorosas y brutales que hayan sido algunas de las piezas en tu vida, aún quedan piezas en su mano que Él está esperando encajar. Y cuando el cuadro de tu vida se muestre para que todo el mundo lo vea, contará una historia de fe, convicción y reivindicación en Dios que nadie podrá negar.

Cualquiera que sea el campo o la plataforma sobre la que estés ahora mismo, ese es el lugar donde Dios te ha llamado a pelear por tus propias promesas. No será el lugar donde caigas y mueras. No será el lugar donde tu dolor sea mayor que tu fe. No será el lugar donde ha quedado perdido todo lo que creíste. Será el lugar en el que Dios te revele tanto a ti como al mundo que te rodea y que te observa, que Él te ve, te defiende y te reivindica.

Una de las cosas que más amo del Dios que estamos redescubriendo en este viaje es que Él toma un principio de verdad como el de su reivindicación, y lo recorre Él *primero* para mostrarnos que podemos confiar en Él. Cuando alguien nos dice que está haciendo lo imposible, nuestra primera respuesta suele ser: "muéstramelo". Sabiendo esto, Dios siempre va delante de nosotros para enseñarnos que Él nunca nos pedirá hacer nada que Él mismo no estaría dispuesto a hacer primero. Dios sabía lo que era perder algo muy precioso. Él sabía lo que significa que quienes odian, dudan y mienten piensen que han ganado. Él sabía lo que es ver llegar a su fin a lo que más amaba. Cuando su Hijo Jesús estaba en la cruz, parecía que Dios había perdido. Había tanto dolor rodeando la muerte de Jesús que parecía que Dios se había olvidado de su Hijo, especialmente si uno estaba a los pies de la cruz escuchando estas palabras: *"Cerca de la hora novena, Jesús clamó a gran voz, diciendo: Elí, Elí, ¿lama sabactani? Esto es: Dios mío, Dios mío, ¿por qué me has desamparado?"*. (Mateo 27:46 RVR 1960)

Todos aquellos que caminaron con Jesús, creyeron en Jesús y amaron a Jesús debieron haber creído que si Dios había olvidado a su Hijo, entonces Dios podría olvidarse de cualquiera de ellos. Lo peor que habría podido pasar acababa de convertirse en su peor realidad. La cruz, en ese momento, era una parte del rompecabezas que estaba cubierta de derrota, pérdida y dolor.

Sus discípulos y seguidores debieron haberse sentido rotos por el dolor, la humillación y la pérdida. Se escondieron y lamentaron en privado para evitar la persecución, e intentaron encontrar una respuesta a qué hacer después. La siguiente pieza del rompecabezas tardó tres días en encajar en su lugar. Sí, Dios había permitido que su Hijo sufriera una muerte brutal y pública, pero también le había reivindicado ante el mundo a través de una resurrección milagrosa y pública.

El final no fue el final para Dios; fue tan solo el comienzo.

Jesús tomó el poder de la muerte, y le obligó a sucumbir ante la mayor promesa de vida: vida para todos nosotros. Su resurrección abrió la puerta a nuestra resurrección. Su final se convirtió en nuestro comienzo. Su victoria preparó nuestra reivindicación. Para nosotros, la cruz es ahora el símbolo universal de la vida, no de la muerte.

PORQUE LA VIDA REAL DUELE

¿Cuántas veces en tu vida has sentido que estabas cara a cara con tu peor realidad, y has querido rendirte e irte? Quizá te encuentras en ese momento ahora mismo, y estás listo para tirar la toalla porque no puedes ver la siguiente pieza del rompecabezas para tu vida. Dios escribió este libro para decirte que este no es tu fin; es tan solo tu comienzo. Dale a Él permiso para romper las reglas de pérdida, muerte y dolor para hacer nacer un nuevo capítulo en tu vida, al decidir no rendirte. No te escondas ni evites a las personas ni a las conversaciones. Dios no ha terminado de colocar todas las piezas en tu vida.

> Las verdaderas respuestas a los verdaderos problemas se encuentran en una relación verdadera con un Dios verdadero.

Puede que sea mediante las lágrimas y una fe del tamaño de un grano de mostaza como te aferres, pero mantente aferrado. Puede que sigas confiando en Dios mediante un corazón roto, pero sigue confiando en Él. Puede que sea mediante la ira como luches con Dios para entender su plan, pero sigue hablando con Él. Con demasiada frecuencia no tenemos conversaciones reales y sinceras con Dios por miedo a pensar que tenemos que acercarnos a Él solo mediante una retórica cristiana perfecta.

La realidad es que las verdaderas respuestas a los verdaderos problemas se encuentran en una relación verdadera con un Dios verdadero.

Una relación con Dios *debería* verse caótica y compleja porque nosotros, en nuestra humanidad, somos imperfectos. Si nuestras relaciones con familiares y amigos están marcadas por un amplio abanico de emociones, ¿por qué es tan difícil imaginar que una relación con Dios sería igual: con gozo, dicha, deleite, pero también decepción, frustración y enojo? A través de mis años de crecimiento en mi relación con Él, he luchado con Dios. Sé que no es el discurso típico de un pastor, pero es el honesto. He luchado con Él para encontrarme, recordarme y alinearme, cuando me esfuerzo por oírle y verle diariamente. He luchado con Él para recordarme que Él me ha llamado a esta vida cuando el camino es incierto. He luchado con Él para corregir mis errores o confirmar mi sabiduría, y así no aferrarme a ideas equivocadas que creo que son correctas, o soltar las ideas correctas que creo que no lo son. He luchado con Él para que me dé la fuerza para ver las irritantes injusticias que me rodean, como Él las ve, a fin de no vivir enojado y amargado. He luchado con Él para convencerme de nuevo de que su amor por mí es mayor que mis debilidades, errores y fracasos, y que su plan para usar mi vida de una manera mayor nunca cambiará.

Al final termino llorando, no luchando, y oigo su voz en mí por encima de todo argumento. No todas las conversaciones son tan intensas, por supuesto, pero el punto es que no puedes tener miedo a dejar que Él rompa tus reglas sobre cómo hablar con Él. A través de estas conversaciones reales llegué a conocer partes de su corazón que nunca habría conocido si le hubiera escondido mi corazón.

LA REIVINDICACIÓN DE JOB

Si hubo alguien en la Biblia con una razón justa para enojarse con Dios y anhelar reivindicación, ese era Job. En un instante, su vida pasó de ser la vida soñada a ser una pesadilla. No fue su injusticia lo que le llevó al sufrimiento; fue su *justicia* la que abrió la puerta. Habla de paradojas. Job lo hizo todo bien, y terminó perdiendo todo lo que amaba, al menos temporalmente, pero Job no conocía esa parte.

Comenzó con una conversación entre Satanás y Dios. Satanás argumentó que Job solo amaba a Dios porque Dios le favorecía, bendecía y protegía. Retira el favor de Dios, dijo Satanás, y Job tendrá un saco de maldiciones para Dios. Por absurdo que pueda parecer, Dios accedió a dejar que Job sufriera una gran pérdida a manos de Satanás, para demostrar que el amor y la relación de Job con Dios eran reales. ¿Por qué permitiría Dios que esto sucediera? ¿Por qué permitiría Dios que Job intencionalmente pasara por dificultades y sufrimiento? ¿Dónde está ahora el Dios misericordioso y justo al que Job sirve? La idea de que Dios se aparte de nosotros porque le damos todo es una paradoja; es totalmente ilógico, absurdo e incomprensible. Sin embargo, Dios confiaba en que Job no solo sobreviviría, sino que *aún así* no le maldeciría.

Satanás le deja sin dinero, sentado en polvo y cenizas, rascando las terribles llagas en su piel con una teja. Pero cuando leo el libro de Job, no leo en ningún lugar que Job maldiga a Dios, incluso cuando Dios se lleva a sus hijos, su riqueza, sus ganados, su salario, su salud y su fuerza. Lo que sí veo es que Job se queja, y hace preguntas.

En mi mente, mientras voy leyendo por la mitad del libro de Job, tengo la impresión de que Job no pasó la prueba. A medida que continúa su sufrimiento, aumenta su queja hasta el punto de cuestionar el carácter de Dios. Cuando Dios finalmente responde a Job desde un torbellino, dedica tres capítulos a educar a Job sobre la supremacía de su carácter y sus planes inmutables y, al final, Job está arrepentido y con remordimientos por todas sus quejas. Lo que me encanta es que aunque Dios desafía la teología y la mentalidad incorrecta de Job, nunca retira su presencia de él. Dios se mantuvo en la conversación con Job hasta que Job pudo ver un lado de Dios que nunca antes había conocido. Dios deshizo las reglas erróneas en Job para convencerle de que estaba comprometido con él, aunque las circunstancias dictaran lo contrario. Al final de la historia de Job, vemos la reivindicación de Dios que nadie, ni siquiera Satanás, podía negar. Job dice: *"Hasta ahora solo había oído de ti, pero ahora te he visto con mis propios ojos. Me retracto de todo lo que dije (…) Así que el señor bendijo a Job en la segunda mitad de su vida aún más que al principio"* (Job 42: 5-6, 12).

La paradoja de tu dolor es que la reivindicación llega al final.

No fue que Dios fue permisivo con las quejas de Job, tanto como que fue paciente con su carácter. La historia de Job es educativa para todos nosotros. Esta verdad nos da el marco para crecer bajo la paciencia y gracia de Dios para nosotros, mientras pasamos por el proceso de dejarle romper nuestras reglas en los momentos que nuestro corazón se rompe.

Si has estado batallando para darle a Dios una segunda oportunidad en tu vida por todo lo que has perdido, quizá has estado mirando esta etapa de tu vida con los lentes equivocados. Tu fe en Él, no las fallas en ti, es lo que ha atraído esta encrucijada en tu vida. Su amor, y no su abandono, es lo que te ha llevado al lugar en el que finalmente lo ves a Él con tus propios ojos. Y al igual que Job, la paradoja de tu dolor es que la reivindicación llega al final.

CUANDO EL MUNDO NO PUEDE NEGAR TU HISTORIA

Algunos de ustedes saben lo que es que su historia cambie de la noche a la mañana, ya sea para bien o para mal. Han sentido el dolor de una pérdida tan grande que ha cambiado cada parte de ustedes a partir de ese punto. Otros han sentido la alegría de la promoción que vino como consecuencia de un favor inexplicable tan inimaginable que cambió todo para siempre. Al margen de sus experiencias, las promesas de Dios para ustedes siguen siendo las mismas. Hay mucho más que Dios quiere darte en los días postreros de tu vida que en los primeros. Confía en que el proceso en el que Dios te tiene te conducirá no solo al camino de la restauración, sino también al lugar de la reivindicación. El final de tu historia no será uno de fracaso o pérdida. Las historias de Dios nunca terminan así. A Él le encanta tener la última palabra en el último capítulo de tu vida, a fin de que su última palabra produzca la reivindicación que el mundo no puede negar.

Indudablemente, puede que hoy no sientas que estás de camino a tu reivindicación, pero recuerda estas historias de fe que han triunfado. Recuerda las historias de hombres y mujeres que experimentaron un gran dolor, y después una gran victoria. Recuerda las vidas de Rosa Parks, David el pastor, Job y Georgina De La Mora, personas que no se rindieron hasta que vieron que Dios usaba su dolor para sus planes y propósitos.

Sobre todo, recuerda la vida de Jesús y de quienes lo siguieron, y que pensaban que habían perdido toda esperanza en la cruz. Nunca imaginaron que la cruz, la cual representaba tanta angustia y sufrimiento, un día sería el símbolo de reivindicación para las siguientes generaciones.

La cruz es la paradoja suprema cuando se trata del triunfo de Dios sobre el enemigo.

La cruz es la paradoja suprema cuando se trata del triunfo de Dios sobre el enemigo. Fue la pérdida más engañosa que se equiparó a la ganancia más gloriosa. Sirve como una declaración de verdad que afirma que Dios puede restaurar y restaurará todo lo que se perdió en nuestras vidas, si le permitimos actuar mediante el proceso de resurrección en nosotros. Cuando sientas que estás al límite, clavado por los errores de tu pasado y ridiculizado por todos los que no entienden quién eres, recuerda que al igual que Jesús, tú también resucitarás. Tú también saldrás del dolor y la tristeza para entrar en un propósito mayor, una promesa mayor, y un plan mayor del que puedas imaginar. Tú también serás reivindicado.

Nuestro fracaso es su éxito.

8

CAER HACIA DELANTE

"Cada tropiezo no es una caída, y cada caída no significa fracaso."
—Oprah Winfrey

Las caídas dramáticas pueden terminar como victorias dramáticas.

Tan solo pregúntenselo a Shaunae Miller. En las Olimpiadas de verano de 2016, la corredora de las Bahamas ocupó su lugar en los tacos de salida en el estadio de Río de Janeiro en Brasil, y esperó el pistoletazo de salida para comenzar la final de los 400 metros. Su mirada estaba en la competidora Allyson Félix, quien intentaba ser la única mujer estadounidense de la historia en ganar cinco medallas de oro. Con ambas atletas determinadas a cruzar la línea de meta en primer lugar, hicieron un final de carrera que los espectadores nunca olvidarían. Durante la mayor parte de la carrera, Miller fue por delante, pero Félix fue recuperando metros hasta que justo delante de la meta, ambas corrían a la par. Sin aliento y desesperada por ganar, Miller lanzó la cabeza hacia adelante, y se tiró en plancha para cruzar la línea de meta en un final dramático y poco convencional. ¿Se tropezó? ¿Se lanzó intencionalmente? ¿Se cayó hacia delante para obtener el primer puesto? Impactados, todos esperaban los resultados, mientras Miller yacía tumbada en la pista intentando recuperar el aliento. Segundos después, la joven de las Bahamas fue anunciada como la ganadora con un margen de victoria de solo siete centésimas por delante de su oponente.

Las caídas dramáticas pueden terminar como victorias dramáticas.

Quizá Miller no ganó el oro de una forma tradicional, pero demostró que un tropezón puede llevar a una victoria gloriosa. Su caída hacia delante empujó su torso siete centésimas de segundo para obtener la victoria. Si no hubiera tropezado, tendría una medalla de plata alrededor de su cuello, en vez de una de oro.

¿Y si te dijera que Dios nos está pidiendo a ti y a mí hacer lo mismo hoy? En la vida, todos corremos desesperadamente hacia una promesa, y Dios quiere saber si nos tiraremos de cabeza y con todo el corazón, incluso si eso significa tropezar públicamente. ¿Nos arriesgaremos a perderlo todo para lanzarnos de todo corazón hacia nuestro destino? ¿Romperemos los métodos tradicionales para conseguir victorias no tradicionales? Nuestra disposición a decir sí a los métodos no convencionales de Dios abre la puerta a una vida que es mucho más preciosa que el oro.

EL TROPIEZO DE RUT

La vida de Rut, como la del rey David, fue insignificante hasta que se tropezó con su destino. Como viuda, no tenía respeto social, espiritual o económico. Como mujer sin herencia, no tenía nada que esperar sino dolor y sufrimiento. Como extranjera, era considerada una forastera sin derechos sobre la tierra. Ante la decisión de volver con su familia o continuar hacia adelante con su suegra Noemí, escogió tropezar de cabeza y de todo corazón hacia lo desconocido con Noemí. Rut corría hacia un futuro que no le prometía una victoria, pero decidió echarse hacia delante, y caerse si hacía falta.

Para entender verdaderamente la magnitud de la decisión de Rut, veamos su trasfondo. Rut era una moabita del Israel del Antiguo Testamento. Ahora bien, los moabitas estaban entre las tribus sexualmente más perversas, incluso desde su comienzo, al ser producto de una relación incestuosa entre Lot y su hija mayor. Eran paganos que no adoraban al Dios de Israel al que el esposo de Rut y su suegra servían, y se les consideraba desagradables e inferiores. La cultura judía del linaje israelita de su esposo mantenía unas reglas y leyes estrictas que veían la presencia de Rut como una ofensa para su Dios. Tras la muerte de su marido, ella no solo era una moabita, sino que era una moabita viuda. Esto añadiría insulto a la injuria para ella. Ahora tanto su futuro como su pasado estaban malditos. Sería señalada, acosada y atribulada. Tenía muchas razones para volver con su familia, sus dioses y su país, pero no lo hizo. Aunque no sabía dónde terminaría, decidió seguir a su suegra y al Dios de su suegra, hacia lo desconocido.

Su decisión fue la diferencia entre tropezar hacia delante a la victoria, y retroceder hacia la derrota. Cuando Rut decide trabajar hacia su futuro en los campos recogiendo los sobrantes de las cosechas, la Biblia nos dice que "resultó que" trabajaba en el campo de un hombre que cambiaría toda su vida (ver Rut 2:1-3). Booz era un hombre que tenía los recursos, la reputación y el respeto de toda la ciudad; podía haber tenido también la atención de cualquier mujer. Sin embargo, no es Rut quien se fija en él, sino es él quien se fija en los tropiezos de Rut: una moabita, viuda y extranjera recogiendo grano que sus jornaleros habían dejado. Es como un director general en la actualidad que camina por su lujosa empresa para ascender no al empleado del mes, sino al mendigo que busca en los contenedores de basura detrás de las oficinas. Es ridículo y absurdo, pero es exactamente lo que le ocurrió a Rut. Booz le ofrece amabilidad y protección de toda la vorágine de insultos que sin duda soportaba.

Pero Booz no es el primero en la fila para casarse con Rut. En su cultura, para casarse con Rut y redimir su historia, tendría que preguntar al familiar que tenía la posición legítima para tomarla como esposa. El único problema era que redimir a Rut tenía un alto precio. Significaba arriesgar sus propios bienes por el difunto esposo de Rut. Nadie estuvo dispuesto a hacer eso salvo Booz. Él lo arriesgó todo no solo para redimir a Rut, sino también a los difuntos maridos de Noemí y Rut. Su linaje entero fue transformado porque Rut no tuvo miedo de tropezar hacia lo desconocido, tropezar en el campo de otro hombre como una simple trabajadora, y tropezar hacia su futuro con Booz. Y aunque sus pasos no eran ni culturalmente ni socialmente aceptados, el nombre de esta mujer moabita tropezó hasta llegar a la genealogía de Jesús. Esa es una paradoja de gracia que solo puede ocurrir cuando Dios rompe las reglas para cambiar la historia.

Tu historia quizá no sea una historia con pasos firmes y seguros, pero cuando permites que Dios use tu vida para mostrar su paradoja de gracia, siempre terminas cayendo hacia delante, en vez de hacia atrás.

FORTALEZA EN EL TROPIEZO

A casi ninguno nos gusta la idea de tropezar porque denota fracaso, lucha y debilidad. Todos preferiríamos ser considerados fuertes, seguros y confiados. Dios, sin embargo, prefiere que nos tropecemos con Él antes que andar seguros en nosotros mismos. Hacemos nuestro mejor esfuerzo para planificar, preparar y actuar para conseguir el mejor resultado posible, pero la realidad es que a veces las cosas no salen como lo planeamos. Eso no significa que tu tropiezo te haya *sacado* del camino correcto. Por lo general significa que tu tropiezo te ha sacado de tu propio camino, y te ha metido en el de Dios.

Confiar en Dios para que Él establezca un camino, y decidir andar por Él siempre requiere una dependencia de Él que entrará en conflicto con tu autoconfianza y fortaleza interior. Es una encrucijada de fe que te lleva, no donde puedes ir por ti mismo, sino al lugar donde solamente puedes ir con Él. Y en esa intersección de autoconfianza y fe llega a nuestra humanidad un tropiezo que agrada a Dios. Un tropiezo de un corazón que ha sido roto, pero que decide volver a amar sin detenerse. Un tropiezo que nace del dolor de vivir de una esperanza que antes sufrió una decepción, pero al mismo tiempo decide mirar al futuro en fe. Un tropiezo de un alma que ha conocido la profundidad de la pérdida que es demasiado grande para entender, pero decide volver a respirar vida una vez más ante el futuro. Al igual que en la historia de Rut, la belleza de un tropiezo es el destino que desata.

La falsa idea más común del tropiezo es que solo puede provenir de una mala acción. Pero a veces nuestro tropiezo viene meramente del desgaste y agotamiento que Dios usa después para hacernos tropezar, para recibir nuevas fuerzas que no sabíamos que teníamos. A medida que lidiamos con las presiones y demandas de la vida, es fácil permitir que la fatiga y el peso de nuestro viaje se conviertan en una piedra de tropiezo que nos hace retroceder, en vez de tropezar hacia delante. He visto a demasiadas personas detenerse porque se desgastaron, sin saber que permanecer les hubiera dado acceso a nuevas fuerzas. Piensa en una madre dando a luz que está lista para empujar a su bebé, y traerlo al mundo. Aunque está agotada tras soportar horas de dolor, no tiene la opción de detenerse en este punto. Debe cavar hondo en su interior y sintonizar con una nueva fuerza hasta que oye los lloros de su bebé recién nacido. Quizá se tropiece con el dolor y se tropiece con la fatiga, pero se está tropezando hacia delante, hacia la promesa de una nueva vida.

La belleza de un tropiezo es el destino que desata.

La fortaleza hallada en tu tropiezo es una fuerza diferente a cualquier otra. Es el tipo de fuerza que no es progresiva o gradual. Es el tipo de fuerza que te envuelve, y te lanza más allá de lo que la lógica o la razón pueden entender. Es el tipo de fuerza que te permite tropezar con los comentarios, las críticas y los puntos de vista negativos de otras personas. Es el tipo de fuerza que rompe las reglas del dolor, la oposición y la pérdida, dándote lo que necesitas para seguir adelante cuando lo único que quieres hacer es detenerte. Es el tipo de fuerza acerca del que escribió el profeta Isaías:

Hasta los jóvenes se debilitan y se cansan, y los hombres jóvenes caen exhaustos. En cambio, los que confían en el Señor encontrarán nuevas fuerzas; volarán alto, como con alas de águila. Correrán y no se cansarán; caminarán y no desmayarán. (Isaías 40:30-31)

Y mientras tanto, los que se han aprovechado de tu caída, de tu desaparición y tu fracaso quedarán postrados en confusión, intentando entender cómo encontraste las fuerzas para caer hacia delante. Se debe a que Dios hará que aquellos delante de quienes has tropezado comiencen a tropezarse contigo porque tu historia está rompiendo sus reglas. Ellos pensaban que ibas a caer y a morir. Ellos pensaban que ibas a pasar, a desaparecer y a perder, pero Dios tenía un plan durante todo ese tiempo para usar ese cansancio para acercarte a Él, y mostrar su fuerza a los que dudaban.

CONFIANZA EN EL FUTURO

La fortaleza no es la única parte del paradójico plan de Dios que se produce como resultado de tu tropiezo. Esa fortaleza recién hallada te levantará en tu tropiezo, pero la *confianza* recién hallada en su protección afirmará tus pasos mientras avanzas. La confianza en la protección de Dios te da la firme seguridad de que aunque tropieces muchas veces, nunca podrás caer fuera de su gracia. Cuando vives sin confianza en la protección de Dios es fácil suponer que tu tropiezo es prueba de que Dios te ha abandonado con enojo. Esto no podría estar más lejos de la verdad. Bíblicamente, Dios ha ordenado un plan de protección sobre tu vida, para vigilarte en los momentos en que piensa que estás destinado a caer. Él está tan comprometido con tu etapa de lucha y tropiezo, que las Escrituras nos dicen que ha contratado a los ángeles para que te sostengan:

> *Si haces al Señor tu refugio (…) ningún mal te conquistará; ninguna plaga se acercará a tu hogar. Pues él ordenará a sus ángeles que te protejan por donde vayas. Te sostendrán con sus manos para que ni siquiera te lastimes el pie con una piedra.* (Salmo 91:9-12)

El contexto hebreo indica que los ángeles impedirán que te caigas, que te apartes de Dios, que te apartes de tu destino, y que te apartes de la fe para creer que te volverás a levantar. Si Dios le envió un "ángel" llamado Booz a Rut, sé que Dios te enviará a ti un ángel para impedir tu caída. ¡Ánimo!

Uno de los mayores gozos de ser abuelo es poder transmitir ciertas tradiciones a mis nietos. Gracin tiene cinco años, y es muy atrevido. Un día, Gracin se acercó a mí y me dijo: "Abuelo G, tengo que montar en bici como JJ". JJ es su hermano mayor atrevido, y no hace falta decir que JJ no tiene ruedas auxiliares en su bicicleta. Gracin estaba listo para montar con los chicos mayores, y yo estaba contento de poder ayudarle. Yo le enseñé a Carissa, su madre, a montar en bicicleta, y ahora me sentía nostálgico de poder enseñar también a su hijo.

Subí a Gracin en su bicicleta sin ruedas auxiliares, sin problema. El único problema parecía ser evitar que se cayera. En los dos primeros intentos, yo le sostenía como un ancla a fin de que no se fuera hacia un lado y se cayera. Al rato comencé a soltarlo y a correr a su lado, listo para atraparle en caso que se cayera. Se inclinaba hacia la izquierda y después hacia la derecha intentando encontrar un ritmo de equilibrio, mientras yo lo perseguía desde atrás por si tuviera que intervenir para evitar su caída. Mientras corría una y otra vez a su lado animándole, con el sol de California iluminando nuestro camino, podía ver que su confianza era cada vez mayor en cada vuelta. No es que él pensara que no se iba a caer; es que sabía que yo estaría a su lado para agarrarlo. Dios y sus ángeles están haciendo lo mismo en este instante en tu vida. Están corriendo a tu lado, animándote, listos para intervenir y agarrarte si pierdes el equilibrio. Puede que te caigas, pero siempre te caerás hacia delante, y nunca te caerás solo.

Con una seguridad tal, podemos vivir sabiendo que si perdemos el equilibrio, la ayuda está a nuestro lado. Imagínate si realmente viviéramos con esa confianza en la protección de Dios. ¿Qué ocurriría si creyéramos genuinamente que cada paso ha sido un paso en la dirección correcta, a pesar de lo desequilibrados que pudiéramos parecer? ¿Manejaríamos nuestros errores, temores, y deslices de otra forma? ¿Dejaríamos de golpearnos con una lista de deberíamos haber hecho, podríamos haber hecho y si hubiéramos? Quizá tu vida esté llena de altibajos, pero nunca se producen sin su mano de protección. Cuando te des cuenta de que su protección no es solo para tu provisión, sino también para empoderarte, afrontarás cada paso de tu vida con una nueva confianza para tu futuro.

NADIE SE ESCAPA DEL PROCESO

El proceso de caer hacia delante y hallar nueva fuerza y confianza es muy probable que no sea un proceso nuevo para ti. La mayoría de los avances en nuestra vida no suceden porque estaban planeados. Nos tropezamos con ellos. Esta es la teología del tropiezo que debemos aprender mientras permitimos que Dios rompa nuestras reglas. No estoy seguro de cuántas veces te habrás tropezado esta semana, este mes o este año, pero puedo decirte que cada uno de esos tropiezos producirá fortaleza y confianza en ti, si se lo permites.

Cuando dejamos de ver el *tropiezo* como algo malo, podemos empezar a verlo de la forma que Dios lo ve. Podemos comenzar a verlo como una necesidad para nuestro destino, en vez de un detrimento para nuestro desarrollo. La paradoja, o ironía, en la teología del tropiezo es que no podemos lograr fortaleza sin debilidades. Un adicto no puede ser libre hasta que haya superado su debilidad hacia la tentación. Un deportista no puede batir su marca personal a menos que haya superado su estancamiento. Un ejecutivo no puede superar su mediocridad hasta que haya luchado con su aptitud.

Nadie se escapa del proceso.

No es demasiado tarde para mirar atrás en tu viaje por la vida, y comenzar desde ahora a adoptar una perspectiva distinta acerca de tus pasos. En este momento puedes escoger dejar de excusarte, pelear y esconder tu tropiezo y, en su lugar, comenzar a ver nuevamente las huellas de tu destino.

No importa lo privilegiada, inmaculada o perfecta que pueda parecer una persona, nadie escapa del proceso de tropiezo hacia la promoción. Nadie se escapa del proceso.

David entendió el proceso de promoción, y los altibajos que conlleva. Tras su victoria sobre Goliat, David comenzó a ser menospreciado y perseguido por el celoso rey Saúl. Pensando que no tiene otra opción que huir, David acude al lugar que nadie podría haber sospechado: acude a los filisteos. El mismo enemigo al que derrotó ahora se ha convertido en su refugio. Aquí está David, que acababa de matar al mayor enemigo de Israel, siendo adorado y alabado por las personas que un día dirigiría, pero en vez de celebrarlo, está corriendo hacia el campamento enemigo por temor. Pasa de matar al enemigo a vivir con su enemigo. Solamente Saúl no era suficiente para llevar a David a tal extremo. Fue la desesperanza, el temor y la desesperación los que demostraron ser mayores enemigos para David que Saúl. Está quebrantado, marcado y golpeado, pero Dios no se ha olvidado de él.

Dios permite que David viva en el campamento filisteo durante más de un año, e incluso le permite caminar en favor y conseguir la ciudad de Siclag para sí. Dios rompe sus propias reglas para proteger y favorecer a David mediante las manos de sus enemigos, incluso cuando David ya no honra a Dios. El hecho de que Dios permanezca más comprometido con el futuro de David en su momento de tropiezo que con sus propias reglas, nos dice que podemos confiar en Dios en todas nuestras andanzas y tropiezos. Cansados de pelear, David y sus hombres regresan a casa a Siclag, y descubren que sus hogares han sido quemados, que se han llevado a sus esposas y han robado sus posesiones (ver 1 Samuel 30). La Biblia nos dice que estos hombres lloraron hasta que no pudieron llorar más. Puede que fueran guerreros en el campo de batalla, pero la pérdida en sus hogares les hizo perder cada gramo de valor y coraje. David recurre de nuevo a Dios, el único lugar que conoce de donde extraer fuerzas, y le pide a Dios dirección para saber qué hacer después. Por primera vez en mucho tiempo, David deja de lado sus propias decisiones, y acude de nuevo a las decisiones de Dios.

Probablemente David pensó que Dios iba a decirle que aceptara sus pérdidas, ya que habían sido sus propias decisiones las que habían producido esta dolorosa situación. Pero la respuesta de Dios es exactamente la contraria:

> *Y David consultó a Jehová, diciendo: ¿Perseguiré a estos merodeadores?*
> *¿Los podré alcanzar? Y él le dijo: Síguelos, porque ciertamente los alcan-*
> *zarás, y de cierto librarás a los cautivos.* (1 Samuel 30:8 RVR 1960)

Permíteme dibujar claramente el cuadro de lo que Dios le está diciendo a David que haga. Le dice a David que persiga, venza y recupere todo lo que había adquirido durante el tiempo que estuvo viviendo en el campamento enemigo. Dios quiere que él vaya tras lo que consiguió en el lugar erróneo, de la manera errónea, y con los métodos erróneos. Dios podría haberle dado fácilmente a David todo lo que había perdido y más si lo hubiera querido, entonces ¿por qué querría Dios recuperar el fruto de su árbol envenenado? Quizá fue porque Dios estaba más interesado en que David tropezara hacia volver a confiar en Él, que por castigarlo. Quizá fue porque Dios quería que David supiera sin lugar a dudas que Él estaba a su lado en su tropiezo, así como estuvo cuando le llamó por primera vez desde el campo. Tal vez fue porque Dios quería que David viera que podía perseguir, vencer y recuperar su destino del mismo modo que estaba a punto de perseguir, vencer y recuperar sus posesiones.

David necesitaba a Siclag porque Siclag sacó de David el rey que llevaba dentro, aunque no pareciera así en ese tiempo. ¿Cuántas veces nos hemos encontrado tropezándonos con lugares a los que nunca habíamos soñado llegar, y aún así Dios nos encuentra? ¿Cuántas veces hemos intentado salir de nuestro propio destino porque estábamos demasiado desanimados para continuar avanzando, y aún así Dios permaneció con nosotros? ¿Cuántas veces hemos intentado escondernos del llamado de Dios, solo para terminar tropezándonos de nuevo con los brazos abiertos de Dios? Como Dios ve lo que nuestro tropiezo produce, romperá cualquier regla que se interponga en el camino hacia el proceso de volver a ponerte en el lugar correcto.

Dios ha diseñado nuestros tropiezos como lugares que confirman su identidad en nosotros. Tu tropiezo siempre te dará la oportunidad de volver a levantarte, de ver las cosas con claridad, y restaurar lo que se había perdido. Es una garantía de que Aquel que nos ha llamado está abriéndose camino en nuestros corazones para producir un carácter lo suficientemente ancho y profundo para caer hacia adelante a nuestro destino. Ese momento en Siclag fue la manera de Dios de proteger su función y su llamado, no solo entonces, sino también para los años venideros en los que David necesitaría regresar a la confesión para alcanzar restauración. Dios siempre te dará marcadores de posición en tu vida para recordarte cómo levantarte cuando te encuentres tropezando en el futuro. Él te hace el favor por adelantado para mostrarte que si Él puede seguir haciéndote caer hacia adelante ahora, puede seguir haciéndote caer hacia adelante en el futuro.

CUANDO TE TROPIEZAS CON TU DESTINO

Jessica tenía nueve años cuando se tropezó con un dolor inimaginable, peor de lo que ninguna niña debería tener que soportar jamás. Provenía de un hogar monoparental con una mamá que quería volver a casarse por sus hijos. Sin pensar nunca que el hombre al que escogió lastimaría a su hija, la mamá de Jessica dio la bienvenida a Jim a la familia, con la esperanza de comenzar juntos un futuro. Pocos meses después comenzó el abuso, y Jessica se convirtió en la víctima de su atención de formas que le dejaron marcada con desesperanza y temor. Queriendo desesperadamente ser una buena niña, escondió calladamente el abuso, y se preparaba cada noche para el dolor más oscuro que había conocido jamás. Cuando él se iba de su cuarto, Jessica lloraba hasta quedarse dormida y fingir que todo había sido una pesadilla de la que un día se despertaría. Cada mañana durante más de tres años, se convencía a sí misma de que la noche anterior no fue real.

Peor aún, su hermano dormía en la misma habitación, pero por vergüenza nunca hablaron de lo que ocurría por la noche. Algunos días ella se tropezaba con la negación, mientras otros días se tropezaba con la ira. A medida que las noches de tormento continuaron a lo largo de los años, ella entró en una solitaria depresión, creyendo que todo el mundo en su casa lo sabía, incluida su madre, pero no hacían nada para ayudarla. Se repetía una y otra vez que si alguien quisiera salvarla, ya debería haberlo hecho.

Un día en la escuela, se sentó en una reunión sobre abuso sexual, y observó mientras marionetas representaban la vida secreta que ella había sufrido. Por primera vez en tres años, se dio cuenta de que tenía que intentar hablar. En su dolor por ser libre, había tropezado con una fortaleza que no tenía cabida en el corazón y la mente de una niña de tan solo doce años. En casa, le contó a su mamá lo que ocurrió en la reunión, y fue en ese breve momento de honestidad cuando su madre verdaderamente vio que Jessica había cambiado. Ella amablemente le preguntó si alguna vez le había ocurrido algo parecido a lo que había visto en la escuela, y calladamente Jessica comenzó a llorar. Incapaz de decir su nombre por temor y vergüenza, solo pudo balbucear las tres letras que abrieron un torrente de agonía silenciado durante años: J-i-m.

En un instante él salió de la casa, pero no de la memoria de ella. Perdida en su propio dolor, la madre de Jessica nunca habló con ella de lo ocurrido en los años que siguieron. Los detalles, la rabia y el quebranto se quedaron enjaulados en el corazón de Jessica al tropezarse con la edad adulta. Un domingo en la mañana, Jessica se encontraba en un servicio en el que le presentaron a Jesús. Llevando todos los años de vergüenza al altar, le entregó su vida a Cristo, y comenzó a caer hacia delante hacia un destino que sobrepasaba su pasado. Perdonó, sanó y se tropezó con una mujer que ya no era una víctima. Ella se convirtió en un bonito ejemplo de un corazón cambiado, y nunca miró atrás al dolor que había soportado siendo niña.

Veinte años después, Jessica se encontraba sentada en su sillón delante de su hijo, sin dar crédito. Mediante lágrimas de impacto, absorbió el golpe de verdad de que un maestro había abusado de su hijo durante más de un año. ¿Cómo es posible que no se diera cuenta? ¿Cómo pudo fallarle del mismo modo que su madre le había fallado a ella? Tropezándose con palabras y emociones demasiado grandes para poder expresarlas, se vio a sí misma intentando sacar del mismo lugar la fortaleza y sanidad que le habían guiado hacia delante antes. Prometió hacer las cosas de manera distinta a como ella lo había vivido. Se juró a sí misma que hablarían del abuso como familia, harían justicia como familia como con ella nunca habían hecho, y sanarían juntos como familia.

Ella permitió que Dios rompiera las reglas dentro de su corazón, que argumentaban que aquello no debería haber vuelto a ocurrir. Ella permitió que Dios le protegiera del dolor de su propio abuso para sacar a su hijo del suyo. Permitió que Dios rompiera el corazón de su familia para reconstruir una familia más fuerte y más unida. Permitió que Dios obrara mediante la paradoja del dolor para producir un destino en ella, en su hijo y en su familia, que les hiciera caer hacia delante en Él.

Historias como la de Jessica son brutales para nosotros, pero hermosas para Dios. Historias como esta rompen nuestras reglas sobre cómo Dios rescata, restaura y redime. Están llenas de más dolor del que nos sentimos cómodos con reconocer, y cubiertas de más gracia de la que podemos comprender. Son las historias de una generación que Dios está levantando que le conoce como el Dios que camina con ellos en sus conflictos, y no está callado en sus tropiezos. Son las grandes historias de redención que usan métodos que nos llevan a hacer frente a nuestro tropiezo, de cabeza y de todo corazón, y no buscar un camino para bordearlo. Son las historias que cambian las reglas de a *quién* puede usar Dios, y *cómo* puede usarle. Son tus historias, mis historias, y las historias de aquellos que aún no han nacido. Son las historias de un Dios paradójico que rompe nuestras reglas para escribir un final mayor del que podríamos haber soñado.

> Tu caída no te ha hecho retroceder; en realidad te ha lanzado hacia adelante, hacia tu destino.

La iglesia debería ser una biblioteca de historias como estas. Debería haber personas como Rut, David y Jessica en cada iglesia porque esta es la iglesia que Dios está levantando. Es una iglesia que ha aceptado la teología del tropiezo para celebrar a las personas más imperfectas, no a las más populares. Las iglesias que siguen las paradojas de Dios buscan a aquellos que más están luchando, no a los que menos. Yo creo de todo corazón que si aceptamos la perspectiva de Dios en cuanto al tropiezo, veremos más personas volver a Dios para permitir que Él escriba de nuevo sus historias.

¿Qué historia está intentando Dios escribir en tu vida en este instante, y que te da tanto miedo tropezarte con ella? ¿De qué debilidades y temores te has escondido que Dios está intentando descubrir? Tu tropiezo es la historia que Dios está escribiendo para que tu vida rebose con la esperanza y la fe de que este es tu último tropiezo. No para que puedas lograr la perfección, sino para que tengas la fortaleza, confianza, identidad y gracia para tropezar hacia nuevas áreas con Dios. Tu tropiezo no te ha descalificado; en realidad te ha calificado. Tu lucha no ha frustrado a Dios; en realidad ha atraído su favor. Tu caída no te ha hecho retroceder; en realidad te ha lanzado hacia adelante, hacia tu destino.

Hoy, toma la decisión no solo de llegar a la línea de meta de este capítulo en tu historia. Decide lanzarte de cabeza y de todo corazón, incluso si eso significa arriesgarte a tropezar públicamente. Para algunos de ustedes, quizá esto signifique perdonar lo imperdonable. Para otros, significa esforzarse por alcanzar un sueño que pensabas que soltaste hace años. Y para otros, esto significa soltar todos los argumentos, excusas y defensas internas para creer que tus imperfecciones han atraído la atención de Dios. Él está listo para arriesgarlo todo para redimirte, favorecerte públicamente, y llevarte a su linaje familiar. Lo único que tienes que hacer es comenzar a dar un paso de tropiezo hacia delante mientras mantienes tus ojos en la promesa que hay delante de ti. No tienes nada que perder salvo cosas como la duda, el temor y la culpa que de todos modos no tienen lugar en el siguiente capítulo de tu vida. Tu tropiezo es lo que te lleva a Él.

Así que respira hondo, cierra los ojos, y concédete el permiso de caer hacia delante en su destino. Es el *tiempo*.

El camino más necio es también el más sabio.

9

EMPUJAR FRONTERAS

"Somos limitados, pero podemos hacer retroceder los límites."
—Stephen Covey

Siempre he sido de ese tipo de personas que empuja los límites de lo que se puede hacer; forma parte de mi manera de ser. De pequeño, empujaba los límites de montar en monopatín tanto físicamente como culturalmente. Imagínate a un niño hispano pequeño y desgarbado en un parque para patinar lleno de niños predominantemente caucásicos como del doble de mi estatura, y tendrás una imagen bastante acertada de cómo pasaba todos los fines de semana en Santa Bárbara, California. De adolescente, empujé los límites del éxito empresarial al ser el DJ mejor pagado de la ciudad cuando cumplí diecisiete años. Cuando le entregué mi corazón a Cristo, empujé los límites del evangelismo predicando radicalmente la salvación en las afueras de fiestas y clubes. Como joven pastor comenzando una iglesia, empujé los límites del ministerio para formar un equipo de liderazgo compuesto en un setenta y cinco por ciento por personas que no se congregaban, y eran recién convertidas. No eran aptos según las doctrinas y los estándares del ministerio, pero a través de sus vidas surgió un himno de gracia en nuestra iglesia que aún resuena en el equipo de ensueño que está construyendo los siguientes capítulos de Cornerstone.

El denominador común en cada etapa de mi vida fue el favor.

FAVOR Y OBEDIENCIA

El favor te llevará donde no te correspondería estar. Cambiará conversaciones en dirección a ti llevando tu nombre a una mesa donde originalmente no había asiento para ti. Te situará entre los grandes como evidencia de cómo te percibe Dios, mientras otros que dudaban de ti solo pueden observar. Relaciones, ascensos y puertas de oportunidades se abrirán para ti sin que tengas que forzar nada. Lo que antes era difícil para ti imaginar o aceptar ahora será posible conseguirlo. El favor es el componente en la vida que puede marcar la diferencia. Tu futuro está conectado al favor, y el favor está conectado a tu obediencia. Tu disposición a ir en pos del Dios que no está limitado por los libros de reglas de la religión te lleva a ser el primero en la fila del favor, y abre posibilidades que antes estaban demasiado lejos para alcanzarlas.

Tu futuro está conectado al favor,
y el favor está conectado a tu obediencia.

Quizá estés pensando: *Si Dios es el Dios que rompe las reglas, ¿por qué la obediencia es la clave para desatar el favor?* Recuerda: no es que Dios quiera la desobediencia; solo quiere obediencia a Él y a lo que Él pide. El favor de Dios, al igual que su gracia, es una paradoja que no tiene sentido para nosotros porque no depende de nosotros. Tiene que ver con quién es Dios, y no con quiénes somos nosotros. No podemos darlo y no podemos retirarlo, pero podemos recibirlo. Está basado en la posición de Dios, no en la nuestra, y eso solo hace que sea más grande la paradoja de que Dios compartirá su posición privilegiada con nosotros. Su favor nos separa del mundo, y nos marca como suyos. La mayoría hemos vivido tanto tiempo sin el favor de Dios que no siempre lo reconocemos cuando funciona en nuestras vidas. Dios quiere empujar tus límites lo suficiente para que creas una vez más que Dios puede favorecerte, y lo hará. Esta fe para creer en el favor de Dios te prepara para que creas en un futuro que no está restringido, limitado ni obstaculizado por las reglas.

Ahora que las reglas ya no están entre Él y tú, ¿qué quiere Dios que obedezcas? Quiere que obedezcas los ridículos mandamientos que no tienen sentido para ti, pero que tienen sentido para Él. Es el tipo de obediencia del que Jesús habló en el libro de Juan:

> [Jesús dijo] *"Los que aceptan mis mandamientos y los obedecen son los que me aman. Y, porque me aman a mí, mi Padre los amará trabajar a ellos. Y yo los amaré y me daré a conocer a cada uno de ellos".*
>
> (Juan 14:21)

Este versículo nos enseña que cuando tenemos una relación nacida de un amor genuino y un deseo de conocerlo a Él, servirle y seguirlo, aceptaremos sus mandamientos y querremos obedecerlos. Hay un pacto de relación, no de reglas, que lleva a un pacto de obediencia. Y de ese pacto viene un pozo de favor, lleno de su amor incondicional, gracia y revelación personal para tu vida; una vida que comienza a convertirse en realidad cuando estamos cara a cara con un mandamiento ridículo de Dios.

La ironía sobre un mandamiento ridículo de Dios es que por lo general parece justo lo opuesto a lo que "deberíamos" hacer. Cuando nos han ofendido, nuestra respuesta natural es tomar represalias, pero el mandamiento ridículo de Dios es perdonar por completo. Cuando hemos sufrido una gran pérdida, tiene sentido retroceder por temor a volver a sufrir otra pérdida, pero el mandato ridículo de Dios es avanzar. Cuando hemos recibido, nuestra respuesta inicial es aferrarnos fuerte a ello para preservarlo, pero el mandamiento ridículo de Dios es darlo. Estos mandamientos nos dan una revelación de que los métodos de Dios a menudo son totalmente distintos a los nuestros. No tendrán sentido para nosotros porque nosotros no vemos cómo termina nuestra historia. Lo único que vemos es una *petición* de fe por parte de Dios, que nos pone en una encrucijada entre lo que es lógico e ilógico. Y esa encrucijada se vuelve aún más difícil cuando tenemos que tomar la decisión de obedecer o desobedecer a las personas que más queremos.

LA RIDÍCULA OBEDIENCIA DE DAVID

David se encontró ante un mandato ridículo que empujaba los límites de su lealtad a Dios y su lealtad a su rey. Saúl tenía una relación de amor y odio con David, que oscilaba entre llamar a David su hijo, y perseguirle para matarlo. David termina huyendo de Saúl por todo el país hasta que le llegó la oportunidad de su vida de pasar de presa a cazador. En 1 Samuel 24 vemos a David y sus hombres escondiéndose en una cueva cuando Saúl inesperadamente entra en esa misma cueva. David está lo suficientemente cerca para matarlo y poner fin a su fugitiva existencia. Animado por sus hombres, David se acerca lo suficiente a Saúl como para matarlo, pero en el último segundo decide en cambio cortar el borde de su manto para humillarlo. En ese entonces, tocar la túnica de una persona era como tocar a la persona misma, y la decisión de David de cortar el manto de Saúl fue una prueba de su capacidad para tomar el trono por la fuerza. Fue un movimiento descarado que dejó a David impregnado de culpa y remordimiento.

¿Por qué de inmediato David siente convicción, en vez de sentirse reivindicado y justificado? Creo que se debe a que, en ese momento, David se sintió obligado a obedecer el mandato de sus hombres y el suyo propio, en vez del mandato de Dios. Se había apartado del carácter de un rey para entrar en el carácter de los hombres que era llamado a dirigir. Ellos querían matar a Saúl; David no lo quería. Ellos querían venganza; David no la quería. Ellos querían ascender a David antes de tiempo; David no quería. Sin embargo, las acciones de David nos muestran que en un instante impulsivo, había seguido la causa de ellos, en lugar de aferrarse a la de Dios.

Las debilidades de David son claramente visibles para Dios y para quienes lo rodean, y tiene la opción de humillarse y regresar a su identidad de un rey o prolongar el proceso de promoción. Imagino que en ese momento los ángeles comenzaron a hablarle a David y recordarle quién era. En mi santa imaginación, veo sus voces comenzando a alzarse por encima de las voces de los hombres de David, las cuales eran persistentes en querer aprovecharse de aquella oportunidad. Les veo rodeando a David, y recordándole que aún queda un rey dentro de él si está dispuesto a hacer lo ridículo en vez de lo esperado.

El mandamiento ridículo de Dios era confesar públicamente su pecado a Saúl, y declarar que no se uniría a la lucha de Saúl. No hubiera tenido sentido para sus seguidores honrar a un hombre que quiere matarlo, pero David obedece. Clama a Saúl y confiesa su pecado, devolviendo el honor al trono al que Dios le está llamando. La parte bonita sobre la obediencia de David al ridículo mandamiento de Dios es que Saúl ve al rey que hay en David debido a su confesión. Si David no hubiera obedecido a Dios, Saúl no habría dicho estas palabras: *"Ahora me doy cuenta de que ciertamente tú serás el rey, y de que el reino de Israel prosperará bajo tu gobierno"* (1 Samuel 24:20).

Dios siempre usará un mandato ridículo para llevarte más allá de tus propios límites. El pecado de David al cortar el manto de Saúl empujó sus límites *hacia dentro*, mientras que su obediencia a Dios empujó sus límites *hacia fuera*. Al hacerlo, el trono se acercó hasta quedar a su alcance.

TU ESPACIO VACÍO

Cuando yo obedecí el mandamiento ridículo de Dios de escribir mi primer libro, *The Heart Revolution* (La Revolución del Corazón), no tenía ni idea de lo que produciría en mi futuro. Lo único que escuché de Dios fue una orden de escribir. Para algunos, escribir un libro no sería tan ridículo, pero para mí era algo más que ridículo. Nunca antes en mi vida había escrito nada parecido a un libro, y los límites de mi educación eran suficientes para mantener la pluma alejada de mi mano. No fui a ninguna escuela de prestigio, ni tenía ninguna tesis publicada con mi nombre, pero tenía un mandato. El proceso empujó mis límites como ninguna otra cosa antes, y me llevó a lo desconocido. Fue en lo desconocido donde Dios me volvió a confiar su sueño de levantar una generación que viva, ame y dirija desde su corazón.

Yo sabía dónde quería Dios que fuera, pero no tenía ni idea de cuáles serían los pasos iniciales que debía dar. Una vez que accedí a hacer lo que Dios ordenó, Dios me mostró que tenía que volver a entregarle mi corazón. No porque mi corazón no estuviera rendido, sino porque mi futuro necesitaba una rendición mayor en mí para aceptar una rendición mayor en Él. Fue una rendición que intercambió mi corazón por su sueño, y lo que redescubrí fue que su sueño es siempre mayor que mi sueño. De inmediato, los límites de mi vida se ampliaron para poder estar a la altura del sueño de Dios, y comencé a ver mandamientos ridículos de mi pasado que comenzaban a tener sentido. Mandamientos ridículos de Dios, como leer todas las traducciones de la Biblia que pudiera encontrar cuando fui salvo, mantener incontables diarios llenos de sueños de cubierta a cubierta desde que era un niño, y sumergirme en libros que ni siquiera llegaba a entender la primera vez que los leía, siendo adolescente. Dios había estado escribiendo un libro a través de mi vida desde antes de que yo pudiera reconocer su voz. De repente, los siguientes capítulos de mi vida que antes eran inalcanzables ahora estaban a mi alcance.

Vivir desde el sueño de Dios empuja nuestros límites para agrandar nuestra visión.

Recuerdo estar de pie en mi oficina con Georgina, sosteniendo el primer ejemplar impreso de *The Heart Revolution*. Era surrealista. En mi mano estaba la manifestación de un mandato ridículo hecho realidad, mientras que en mi corazón había una visión ridícula que ahora necesitaba vivirse con una nueva pasión. En un instante, vi la mano de favor de Dios comenzando a abrir puertas que amplificarían su mensaje al mundo. Cuando comencé a escribir por primera vez, mi visión no era lo suficientemente grande, pero cuando lo tuve en mi mano pude ver más de su visión para mi futuro. Hubo veces en que quise rendirme y vivir en un futuro más pequeño, pero Dios no me dejaba. Él seguía recordándome ese momento en el que tocó mi futuro por primera vez. Fue un capítulo en mi historia personal lo que me llevó a querer obedecer el siguiente mandato ridículo, y después el siguiente, y después el siguiente. Cuando vi otra muestra de mi futuro en Él, fue más fácil ver la promesa.

Vivir desde el sueño de Dios empuja nuestros límites para agrandar nuestra visión, no solo para lo que es posible ahora, sino para lo que es posible incluso después de que lo imposible se vuelva posible. La mayoría de nosotros queremos el sueño de la liberación de las reglas y las estipulaciones que nos encierran, pero pocos tenemos un sueño más allá del sueño de la liberación. Eso es lo que les ocurrió a los hijos de Israel en el libro de Éxodo. Su sueño solo incluía la liberación de Egipto, pero no incluía la promesa. Cuando llegaron a la Tierra Prometida, no tenían un sueño lo suficientemente grande para saber cómo vivir en ella. Con un sueño y una visión limitados, les costaba creer a Dios y confiar en Él en lo desconocido. Y al igual que los hijos de Israel, si nosotros no empujamos nuestros límites para incluir algo más que la liberación, lo que debería llevarnos once días se convertirá en un periodo de cuarenta años.

Cuando empujas más allá de tus límites, y alineas tus pasos con el corazón de Dios, Él rompe las reglas para acelerar las bendiciones en tu vida. Durante las épocas difíciles que nos prueban espiritualmente, emocionalmente y relacionalmente, es fácil querer dar un paso atrás en lugar de avanzar. Todos queremos saber qué ocurrirá después, pero mientras sepamos cuál es el paso que viene después, viviremos desde un sueño limitado y una fe limitada. No es en lo conocido donde descubrimos el plan de Dios de la paradoja; es en lo desconocido. Y solo cuando empujamos los límites de la fe y la lógica es cuando comenzamos a entrar en lo desconocido.

Dios no tiene en su corazón la intención de dejarte donde te encuentra.

Piénsalo así. Si tuviéramos una hoja de papel en blanco, y dibujáramos un punto para representar dónde estás y otro punto para representar hacia dónde te está guiando Dios, el espacio en blanco entre esos dos puntos representaría lo desconocido. En ese espacio vacío, Dios comienza a escribir cosas en tu futuro que están más allá de tu alcance si te quedas plantado en tu punto. Es en el espacio vacío de nuestra vida donde Dios nos habla de formas que no hemos oído nunca. Cuando tenemos dinero en el banco, no necesitamos que Dios nos hable. Cuando nuestro matrimonio y nuestros hijos van por el buen camino, no necesitamos que Dios nos hable. Cuando todo tiene sentido, no necesitamos que Dios nos hable. Pero en los espacios vacíos donde no hay nada conocido o visto entre nuestro punto y el punto de Dios, necesitamos desesperadamente que Dios nos hable. Las circunstancias más dolorosas de la vida forman creencias arraigadas que necesitan a un Dios más grande que las disipe.

Dios no tiene en su corazón la intención de dejarte donde te encuentra. Su voluntad y deleite es sacarte de la complacencia, no porque no vea tus problemas, sino porque ve tu potencial. Es tu futura posición lo que te fuerza a abordar tu condición actual. Una y otra vez la historia nos demuestra que el cambio nunca lo llevan a cabo las manos de los cómodos. A veces cuando nos han lastimado, comenzamos a creer que Dios solo nos dará acceso a cosas que están a nuestro alcance y nada más. Pero la Biblia nos enseña un enfoque totalmente distinto. Jeremías lo dice así:

> *Pídeme y te daré a conocer secretos sorprendentes que no conoces acerca de lo que está por venir.* (Jeremías 33:3)

Cuando clames a Dios con una persistencia implacable para creer más allá de las reglas y estipulaciones que antes te mantenían atado, Dios te dará una ambición por alcanzar cosas en Él que antes estaban escondidas y fuera de tu alcance. La pureza y santidad de tu deseo de servirle y glorificarle debido a una relación, y no una religión, hace aumentar tu alcance más que nunca, incluso en lugares que no has alcanzado por mucho tiempo.

LOS MANDAMIENTOS RIDÍCULOS SE VUELVEN PERSONALES

Paul y Linda llevaban casados casi treinta años cuando les conocí. Ellos no dirían *felizmente* casados porque no lo estaban. Vivían bajo el mismo techo, pero existían en dos mundos completamente distintos. Existían como matrimonio solo sobre el papel. Ella era fría y silenciosa, mientras que él era atrevido y cruel. Él hacía de proveedor, y ella de cuidadora. Ella era la sombra de la mujer con la que él se había casado, y él era la silueta del hombre al que ella antes amaba. No tenían hijos, y durante los primeros años de su matrimonio caminaron juntos, pero con el paso de los días, lentamente cada uno se fue retirando a su propia esquina. El colmo para ella llegó cuando él comenzó a hablar de dinero, y su constante necesidad de tener más. El colmo para él llegó cuando ella se cerró, y comenzó a mirarle con ojos inexpresivos. Cada día, sus fronteras se alejaban más del otro, y su futuro parecía cada vez más solitario.

Era la condición perfecta para que Dios interviniese, y les pidiese hacer lo ridículo.

Estábamos en una serie llamada "¡Retirar los límites a Dios!" cuando recibí el correo electrónico de Linda. Era un correo educado, respetuoso y enojado. Ella desahogaba su frustración por mi último sermón en el que desafié a las parejas a hacer, esa semana, algo que antes solían hacer el uno por el otro, pero que habían dejado de hacer. Ella quería saber si Paul me había hablado con respecto a su última discusión, y si me había pedido que le hablara a través de mi sermón desde el púlpito. Estaba bastante enojada pensando que yo había tenido la desfachatez de ventilar sus trapos sucios delante de toda la iglesia el domingo por la mañana. Aparentemente, su última discusión fue un reflejo de lo que habíamos tratado el domingo. (Es divertida la manera que tiene Dios de llegar hasta nosotros cuando hemos cerrado todas las demás líneas de comunicación). Ella dejó un número, así que llamé para asegurarle que no había hablado con Paul y que, de hecho, fue el Espíritu Santo quien les había hablado en la reunión, y no yo. Al principio ella no me creía, pero accedió a soltar la ofensa.

Dos semanas después recibí otro correo, y era incluso más fuerte que el primero. Convencida de que había vuelto a exponer sus asuntos matrimoniales desde el púlpito, Linda estaba furiosa por mi audacia. Nuevamente le llamé y aseguré que no sabía nada de sus detalles matrimoniales. Ella seguía sin creerme. Pasaron otras dos semanas, y de nuevo recibí otro correo. Decidida a no volver a ser engañada, solo accedería a hablar conmigo si su esposo estaba presente. Yo no podía estar más de acuerdo con eso. La semana siguiente nos reunimos, y Paul negó vehementemente haber hablado conmigo de sus problemas matrimoniales. Al verlos sentados en mi oficina enojados y frustrados, les hice solo una pregunta:

"¿Por qué es tan difícil creer que Dios invadiría nuestra reunión para hablarles directamente sobre su matrimonio?".

Impactados por mi pregunta, se miraron el uno al otro, y esperaron a que el otro hablara primero. Finalmente, Paul se aclaró la garganta y dijo: "Porque, pastor, Dios no quiere tener nada que ver con nosotros". Ahora era mi turno de estar impactado. ¿Cómo podía una pareja que iba a la iglesia cada semana creer que Dios había terminado con ellos? Mientras Linda lloraba sentada en silencio, Paul comenzó a explicar por qué habían terminado en ese doloroso lugar como marido y mujer. Cuando eran novios, Linda quedó embarazada, y tuvo demasiado miedo de decírselo a sus devotos padres. Sin ningún apoyo o confidentes con quienes compartir su pecado, decidieron abortar antes de que nadie se diera cuenta. Pasaron los años, y les resultaba imposible volver a concebir. Cada uno culpó al otro, y ambos culparon silenciosamente a Dios. En su matrimonio, las líneas se habían trazado con tinta permanente.

Tardaron mucho tiempo en comenzar a confiar en mi esposa y en mí en cuanto a su matrimonio, pero nosotros rehusamos rendirnos. Lentamente, Georgina y yo nos acercamos a las líneas de ira, culpa, remordimientos y pérdida, y cada vez que derribábamos una barrera, celebrábamos una pequeña victoria. Les guiamos a través de cada mandato ridículo que Dios quería que obedecieran para que tuvieran de nuevo a su alcance el matrimonio de sus sueños:

+ Perdonar aunque el perdón sea lo último que quieran hacer.

+ Dejar que el dolor y la ira del ayer ya no tengan lugar en su presente.

+ Volver a incorporar la palabra *esperanza* nuevamente en su lenguaje.

+ Amarse el uno al otro como socios, en vez de odiarse el uno al otro por no ser padres.

+ Abandonar el derecho a tener razón en todas las cosas erróneas.

Cada mandato cobró vida propia y les desafió, derribó sus muros internos y, a medida que ellos lo permitieron, comenzó a sanarles. Algunos días veíamos progreso. Otros días solo veíamos reveses. Algunos días celebrábamos. Otros días no. Cada día, Dios atravesaba algún límite que tenían con respecto a Dios, y el uno con el otro. A su viaje le falta mucho para terminar, pero la guerra entre ellos sí ha terminado.

CUANDO LO INALCANZABLE ESTÁ A TU ALCANCE

Si te preguntara cuál es ese límite que te está reteniendo *ahora mismo*, ¿qué dirías? ¿Es el temor? ¿La intimidación? ¿Inseguridades? ¿Culpa? ¿Egoísmo? ¿Cuál es el límite en tu vida que no te deja confiar en el plan ilógico de Dios? Es posible que ya sepas la respuesta. ¿Qué debe ocurrir para que veas más allá de tus propios límites para comenzar a vivir la vida sin restricciones para la que naciste?

Al otro lado de los mandamientos ridículos de Dios está el matrimonio por el que has estado orando, la carrera por la que tanto te has esforzado para alcanzar, la paz que has anhelado experimentar, y ese más que ni siquiera has empezado aún a esperar. Dios quiere ver si quieres lo que Él quiere para ti con tantas ganas como para permitirle guiarte por donde nunca has ido. Antes de atravesar los avances hacia lo desconocido, tenemos que estar dispuestos a atravesar lo conocido.

La vida sin restricciones que se halla en Dios es totalmente distinta a la vida sin restricciones del hombre. Su versión requiere una humildad para dejar de lado los planes que tenías para ti por un plan aún mayor en Él. Requiere tu sí. Cuando decimos sí a permitir que Dios rompa nuestras reglas, no tenemos ni idea de quién será el beneficiario de nuestro alcance. Solo podemos ver la gracia para que podamos pasar las viejas fronteras hacia nuevos viajes, pero Dios ve las decenas, cientos y miles que han heredado gracia mediante nuestro sí, sin restricciones. La Biblia lo dice así: *"(…) y a medida que la gracia de Dios alcance a más y más personas, habrá abundante acción de gracias, y Dios recibirá más y más gloria"* (2 Corintios 4:15).

Tu creencia en un Dios que va mucho más allá, que no tiene miedo de usar la gracia y las paradojas para cambiar el mundo, desencadena un contagioso sonido de gratitud por parte de quienes te siguen. Es un sonido creciente que apaga las voces condenatorias de las viejas reglas, los viejos planes y los viejos dolores. Como estamos dispuestos a dejar espacio para que Dios amplíe nuestro alcance ahora, en vez de llenar nuestros corazones de leyes y reglas, hacemos espacio para que otros lleguen incluso más lejos en su relación con Él.

Alguien en algún lugar necesita que derribes las fronteras de tus creencias para que él o ella tenga espacio para creer. Tus huellas hacia lo desconocido crean un camino que tu familia, tus amigos y tus círculos de influencia pueden seguir. Tu fe en una nueva revelación de Dios da a quienes están detrás de ti un nuevo entendimiento de la naturaleza de Dios que no está restringido por las fronteras religiosas. Tu existencia se convierte en una prueba de que una vida inalcanzable no está determinada por las fronteras del pecado. Dios puede usarte ahora para mostrarle al mundo el mismo Dios que Jesús vino a representar, no un Dios que está limitado y enojado, sino un Dios que da la bienvenida y perdona.

¿Quién está esperando que creas en el Dios que rompe las reglas?

MÁS ALLÁ DE LAS LIMITACIONES

Si llegamos a entender una nueva naturaleza de Dios que nos llama hacia arriba y hacia delante, también tenemos que ser capaces de entender nuestra propia naturaleza que intenta llamarnos hacia abajo y hacia atrás. Nuestra vieja naturaleza nos ata a fronteras limitantes, pero la naturaleza de Dios en nosotros y a través de nosotros nos libera para reflejar ahora la naturaleza de nuestra nueva revelación de Él. Su naturaleza de gracia opaca nuestra antigua naturaleza que juzga a nosotros mismos y a otros. Su naturaleza de verdad opaca nuestra vieja naturaleza que nos engaña a nosotros mismos. Su naturaleza de favor vence nuestra vieja naturaleza que nos hace volver a un futuro marginal. Su naturaleza de inclusión destrona a nuestra vieja naturaleza que quiere aislarnos. Permitir que Dios derribe nuestras fronteras internas de lo que hemos sido, lo que hemos sabido y lo que hemos hecho es la manera que tenemos de pasar de descubrir al Dios que rompe las reglas, a obedecer al Dios que rompe las reglas.

Cuando Jesús murió en la cruz, se estiró con ambas manos para que tú y yo pudiéramos estirar nuestras manos hacia un nuevo futuro con Él. Él se acercó con su mano derecha para cubrir todo lo malo que hayamos podido hacer jamás, que nos impida ponernos a cuentas con Él. Él se acercó con su mano izquierda para asegurarnos que nunca nos quedaríamos atrás. Una mano no hubiera sido suficiente para silenciar nuestra vieja naturaleza, borrar nuestras viejas reglas, e iniciar una relación con nosotros que no está definida por ninguna otra cosa que no sea su amor por nosotros. Ahora es nuestro turno de acercarnos a Él con ambas manos. Extendemos nuestra mano derecha para rendir nuestra propia justicia a cambio de la de Él. Extendemos nuestra mano izquierda para dar a entender que lo hemos dejado todo atrás para seguirle hacia lo desconocido. Y al acercarnos, encontramos una esperanza y un futuro que están verdaderamente mucho más allá de cualquier cosa que pudiéramos haber imaginado.

Un paso hacia lo ridículo te lleva un paso más cerca de lo milagroso.

¿Y si Dios estuviera diciendo que lo único que se interpone entre tú y la vida para la que fuiste creado fuera tu disposición a obedecer sus mandamientos ridículos? ¿Obedecerías lo que no tiene sentido si eso significara ver que se cumple lo inimaginable? ¿Le seguirías hacia lo desconocido si eso significara conocer más de Él? ¿Derribarías las fronteras actuales en tu vida si eso significara una vida sin restricciones con Él en el futuro?

Ahora mismo tus actuales condiciones pueden parecer un clamor lejano de una vida inalcanzable en Él, pero eso es tan solo una prueba de que estás más cerca de lo que crees.

Dios rompió las reglas cuando envió a su Hijo a empujar las fronteras de nuestra relación con Él, y está listo para hacer lo mismo en tu vida. Lo único que debes hacer es comenzar a confiar en Él, obedecerlo y seguirlo. Cada limitación que ves no es una limitación para Él. Si comienzas hoy a mirar más allá de tus fronteras, comenzarás a ver a Dios romper las reglas y las barreras que te han impedido entrar en el futuro amplio y abierto que Él prometió. Cuando lo ves, puedes comenzar a caminar hacia él. Y un paso hacia lo ridículo te lleva un paso más cerca de lo milagroso.

Hacerlo de nuevo es la única manera
de hacerlo por primera vez.

10

EL PODER DE OTRA VEZ

"Repetitio est mater studiorum".
[La repetición es la madre del aprendizaje].
—Proverbio latino

A veces, el mandamiento ridículo de Dios es tan solo dos palabras: otra vez.

Para algunos, la idea de la repetición evoca sentimientos de pesadez al pensar de nuevo en un castigo repetido como correr contra el viento o escribir "No volveré a _____" quinientas veces en una pizarra. Para otros, el concepto de la repetición provoca una ráfaga de adrenalina al imaginarse replicar un éxito previo. A pesar de las emociones contrarias asociadas con la repetición, Dios quiere que dominemos las palabras *otra vez* para obtener *una ganancia* en nuestra vida por primera vez, segunda vez o enésima vez.

En todo lo que hagas otra vez debería producirse una ganancia. Si no es así, entonces es tiempo de hacerlo de nuevo con un nuevo método. Si está funcionando, entonces es la hora de volver a hacerlo con una nueva visión fresca.

El mayor obstáculo para apreciar el poder de *otra vez* es la tendencia a enfocarse en la cosecha, el resultado, en vez de enfocarse en la semilla, la preparación. Pero una cosecha no produce una cosecha; solo la semilla puede producir una cosecha. Demasiadas veces, cuando nos piden hacer algo una y otra vez, solo queremos el resultado y perdemos de vista la transformadora necesidad de la repetición. Queremos saltarnos el proceso hasta el final, en vez de someternos al proceso.

Pero en la vida no conseguimos dominar nada a menos que lo hayamos hecho una y otra vez. ¿Recuerdas cuando aprendiste a leer? No fue hasta que seguiste repitiendo los sonidos y las sílabas cuando aprendiste a abrir el inmenso mundo de la literatura. ¿Recuerdas cuando aprendiste a conducir? No mejoraste en la carretera hasta que te pusiste detrás del volante una y otra vez. ¿Y recuerdas cuando aprendiste a tocar un instrumento o a practicar un deporte por primera vez? No te parecía que era algo natural hasta que se convirtió en parte de tu naturaleza a través de la repetición.

CUANDO DIOS NECESITA QUE LO HAGAS OTRA VEZ

Ocurre lo mismo con Dios. Él no se convierte en parte de tu vida cotidiana, de tus pensamientos cotidianos o de tus conversaciones diarias, a menos que le hagas parte de cada uno de tus días. No estoy defendiendo una repetición automática y robótica basada en ideas religiosas de lo que está bien y lo que está mal. Más bien, quiero que te enfoques en una repetición que se produce de manera natural debido a una relación. Y la diferencia entre la repetición en base a una religión y la repetición en base a una relación es la nueva postura de la *revelación*.

Sin revelación, nuestra repetición se convierte solamente en algo habitual, desprovisto de pensamiento o intencionalidad. Con revelación, nuestra repetición se convierte en una entrada a una integración coherente y genuina con Dios, que refleja a un padre involucrado, presente y participativo. Esta fue la relación que Dios siempre quiso que tuviéramos con Él.

En vez de ser sinónimo de *aburrido*, *monótono* y *tedioso*, Dios está rompiendo las reglas para hacer que el concepto de *otra vez* sea sinónimo de *resistente*, *eficaz* y *prevaleciente*.

La diferencia entre la repetición en base a una religión y la repetición en base a una relación es la nueva postura de la *revelación*.

Pero ¿qué ocurre cuando has estado obedeciendo los mandamientos ridículos de Dios por un tiempo, y comienzas a sentir que lo único que haces es obedecer? Forma parte de nuestra naturaleza humana que cuando perdemos nuestra pasión por algo y se nos dice que lo hagamos otra vez, nos empezamos a sentir rígidos con lo que antes nos liberaba. De nuevo, comenzamos a ver a Dios como un guarda porque ya no queremos permanecer en la longevidad de ir en pos de Dios. Nadie se despierta un día, y decide de manera intencional rebelarse contra una relación genuina con Dios. Sucede con el tiempo, mediante pequeñas decisiones continuadas, dejando de hacer lo que antes hacíamos con visión y pasión. Cuando permitimos que lo que hacemos *para* Dios se convierta en un ritual habitual, al final lo que hacemos *con* Dios se convierte en un ritual habitual.

Dios no es un Dios estancado que solo se revela una vez. Él está cambiando constantemente las dinámicas y los métodos que usa para acercarse a nosotros, pero si nos familiarizamos en exceso con Él, no podremos verle cambiando en nuestra vida. Podemos evitar el exceso de familiaridad al vivir la repetición espiritual, en vez de la repetición habitual. La repetición habitual es repetir la acción por hábito, pero la repetición espiritual es repetir el espíritu, o el corazón, que está detrás de la acción. Esto es lo que hace o quebranta a un cristiano con el tiempo. Cada uno de nosotros tiene que decidir si Dios va a romper las reglas por nosotros *una vez*, o si va a seguir siendo el Dios que *continúa* rompiendo las reglas por nosotros una y otra vez. Cuando Dios se revela como el Dios que rompe las reglas, podemos impedir meterlo en un molde, mirándolo con confianza para encontrar nuevos porqués, nuevos cómo y nuevos qué.

Lo bonito es que dominar esta paradoja de fresca repetición afectará de manera positiva todas las demás áreas de nuestra vida. Comenzaremos a permanecer en una búsqueda a largo plazo en nuestro matrimonio, la crianza de los hijos, la educación, el liderazgo, el ministerio y las relaciones con una sabiduría y vigor cada vez mayores según pasan los años. En una cultura donde se celebra la versatilidad en lugar de la longevidad, la perseverancia tiene una gran demanda. El incesante deseo de nuestra cultura de tener siempre opciones significa que cada vez menos personas se dan cuenta del beneficio y el valor que supone hacer lo mismo regularmente, y hacerlo regularmente bien. *Otra vez* no es solo volver a hacer las cosas. Es subir, entrar, y salir cada vez como si fuera la primera vez.

✣

Otra vez no es solo volver a hacer las cosas. Es subir, entrar, y salir cada vez como si fuera la primera vez.

Cuando mi hija Miracle Joy era pequeña, teníamos la tradición del viernes. Nos íbamos a un restaurante local que ofrecía toda la pizza y helado que pudieras comer, y una divertida habitación llena de juegos y aparatos en los que podías gastar las calorías. Después de comer, conseguíamos nuestra tarjeta de diversión previamente cargada, y nos dirigíamos a nuestro juego favorito: la rueda del gran pez. La rueda del gran pez medía casi tres metros, y pesaba un poco menos de quinientos kilos. Un digno oponente para este dúo de padre e hija. De pie en la esquina del salón, nos llamaba cada semana para acercarnos, tirar de la manivela, y hacer girar la gran rueda que salía de la boca del pez para ganar varias cantidades de boletos. La mayoría de los puntos de la rueda oscilaban entre cinco y cien boletos, pero el punto dulce era el bono del gran pez que tenía mil boletos. Obviamente, MJ y yo siempre íbamos en busca de ese giro perfecto que siempre nos eludía.

Cada semana hacíamos girar la rueda una y otra vez, acumulando un boleto tras otro. Con cada giro, Miracle me miraba y decía: "¡Esta es la buena, papá! ¡Vamos a ganar los mil boletos ahora!". Me sorprendía que con cada tirada ella nunca perdía la esperanza de que esa iba a ser "la buena". A veces conseguíamos los bonos y a veces no, pero Miracle volvía a tirar de la manivela una y otra vez durante horas con una nueva esperanza, nueva expectativa y nueva fortaleza cada vez. Había veces en que yo le decía: "¡Vale, ya ha sido suficiente! Vayamos a otro juego para usar nuestros créditos". Pero no MJ. Ella seguía tirando de la manivela hasta gastar todos los créditos, y acabar todas las vueltas. Si no conseguía los bonos antes de irnos, miraba a la gran rueda del pez antes de alejarnos y decía: "¡La semana que viene! ¡Lo conseguiremos la semana que viene!".

Me encantaba su tenacidad al hacer girar la rueda y una y otra vez, aunque eso supusiera una decepción cuando la rueda se detenía. Según ella iba creciendo, yo veía el fruto de esas largas tardes en la rueda del gran pez. La manera en que ella abordaba cada tirada era la misma forma en que abordaba todo en la vida: con perseverancia, tenacidad y una confiada expectativa.

¿Qué ocurriría si viviéramos cada día como Miracle Joy? ¿Y si no dejásemos que la última tirada cambiara nuestra pasión por la siguiente tirada? ¿Qué ocurriría si no nos fuéramos e intentáramos otra cosa al encontrarnos con una pérdida una y otra vez, y decidiéramos mejor creer que la próxima vez sería "la buena"?

Sé que aceptar las indicaciones de una niña y de su juego favorito es romper las reglas de cómo aprenden los adultos, pero quizá, tan solo quizá, podamos aprender algo de la gran rueda del pez. A veces harás algo una y otra vez, y conseguirás el premio. Funcionará y te sentirás recompensado por tu persistencia y determinación. Otras veces lo harás una y otra vez, y no funcionará. En esas ocasiones, quizá te sientas engañado o que se han aprovechado de ti porque no conseguiste una victoria durante todos los créditos que usaste una vez tras otra. Quizá sientas que fue una pérdida de tiempo e inversión, y lamentes tu *otra vez*; pero no lo hagas, porque no lo fue. Tu otra vez está haciendo más *en* ti y *por* ti de lo que ves. Tu otra vez está consiguiendo una recompensa que es mucho mayor de lo que quieres en ese momento. Miracle Joy y yo queríamos los mil boletos, pero lo que nos llevábamos valía mucho más. Esos tiempos juntos nos hicieron ganar una relación llena de recuerdos, risas y lecciones de vida que nunca olvidaremos.

Cuando nuestra vida fluctúa y cambia, tenemos que ser capaces de mirar atrás a las lecciones de la vida que hemos aprendido en el camino, para que nos lleven a la siguiente vuelta. Estas creencias y principios básicos nos ayudan a darles sentido a las etapas que no tienen sentido para nosotros. Nos llevan de nuevo al Dios que nos persigue, que rompe las reglas por nosotros, y que nos llama una y otra vez.

LOS DOS HÁBITOS DE DAVID

A menudo me he preguntado por qué, en las épocas fluctuantes de la vida de David, Dios siguió diciendo que era un hombre conforme a su corazón. Hubo momentos en los que David se comportó de manera honorable, ¡y hubo otros momentos en los que fue un descarado delincuente! ¿Cómo y por qué se compararía Dios públicamente a David cuando David tomó malas decisiones, y realizó acciones totalmente contrarias al carácter de Dios?

Bueno, si miramos su vida en conjunto, hay dos cosas que David hacía sistemáticamente que hicieron que Dios pasara por alto las grandes reglas que David rompió: volvía a la adoración y volvía al arrepentimiento, una y otra vez. Estos dos gestos marcaron la diferencia para Dios. Como Dios era capaz de ver claramente al hombre quebrantado en David, que quería con tanto ahínco hacer las cosas bien cuando las hacía mal, Dios pudo pasar por alto las reglas rotas que David dejó detrás. Estas son las acciones de un Dios que vive, no en la esfera de lo comprensible, sino en la esfera de lo paradójico. Y en nuestra vida, cuando nuestras decisiones y acciones a menudo reflejan lo opuesto al carácter de Dios, necesitamos que ese mismo Dios se encuentre también con nuestro quebranto. Si Dios puede ver los lugares coherentes en tu caminar con Él, será capaz de ver más allá de las incoherencias para ver quién eres realmente. Puede que la vida incoherente de David tuviera consecuencias por sus decisiones, pero su relación con Dios no las tuvo. Incluso después de su infame aventura amorosa con Betsabé, cuando no solo tomó la mujer de otro hombre sino que después mató al esposo para encubrir su adulterio, Dios vio su disposición a arrepentirse, y perdonó su vida:

Entonces David confesó a Natán: —He pecado contra el Señor. Natán respondió: —Sí, pero el Señor te ha perdonado, y no morirás por este pecado. (2 Samuel 12:13)

¿Por qué permitió Dios que David viviera? Creo que vemos el porqué tan solo once versículos después. Dios no tuvo miedo de funcionar en base al principio del *otra vez* con David. Después de que murió el primer hijo de Betsabé, Dios le da a David una segunda oportunidad con otro hijo llamado Salomón, a quien Dios amó y favoreció (ver 2 Samuel 12:24). Aunque las acciones de David entristecieron y enojaron a Dios, Dios le volvió a favorecer porque no iba a retractarse del voto que le hizo antes de su caída con Betsabé:

(…) Esto ha declarado el Señor de los Ejércitos Celestiales: te saqué de cuidar ovejas en los pastos y te elegí para que fueras el líder de mi pueblo Israel. He estado contigo dondequiera que has ido y destruí a todos tus enemigos frente a tus propios ojos. ¡Ahora haré que tu nombre sea tan famoso como el de los grandes que han vivido en la tierra! (2 Samuel 7:8-9)

Dios le recordó a David todas las veces que había estado con él porque sabía que David iba a necesitarle otra vez. No era que Dios quería hacer famoso el nombre de David para la propia gloria de David. No, Dios quería que el nombre de David fuera famoso porque, en el tejido de la vida de David, Dios había entretejido una historia de redención, perdón y favor una y otra vez. Dios usó la vida de David para darnos a conocer su naturaleza redentora y favorecedora. Él sabía que necesitábamos saber que su corazón nos persigue una y otra vez para que nosotros lo siguiéramos una y otra vez. En nuestro libro de reglas hay límites para nuestro *otra vez*, pero en Dios no existen esos límites, y Él lo demuestra una y otra vez a lo largo de su Palabra.

Por esta revelación del *otra vez* de Dios encontramos nuestro propia capacidad de ser hijos e hijas que le darán a conocer. Tu *otra vez* en el trabajo, en casa, en la escuela, y en cada lugar que vayas, le dice al mundo que representas y sigues a un Dios de *otra vez*. Y para una generación cuyas reglas no incluyen a un Dios que les perseguirá una y otra vez, esa fe ejemplar habla muy alto. Cuando acudimos a Dios y después nos alejamos de Él ofendidos, enojados o confundidos, y rehusamos dejarle perseguirnos *otra vez*, le decimos al mundo que Dios no se merece nuestro *otra vez*. Pero cuando dejamos que las personas de nuestro mundo vean que Dios sigue perdonándonos cuando no somos perfectos, no somos coherentes y no tenemos razón, les decimos que está bien volver a Dios una y otra vez.

Si nuestra relación con Dios se parece a la carrera de locos empresarial que persigue el ascenso o el prestigio, es el momento de algunas realidades nuevas. Si nuestra relación no es distinta a las relaciones de quienes no lo conocen a Él, es el momento de algunas realidades nuevas. Si las personas de nuestro mundo no ven la diferencia entre nuestra fe y la de ellos, es tiempo de algunas realidades nuevas. Son estas nuevas revelaciones las que nos impiden permitir que nuestras rutinas evaporen nuestros sueños. Nos protegen de perdernos en las cosas que tenemos que hacer una y otra vez. Nos apuntan a un estándar más alto que aporta una mayor recompensa.

El mundo es un lugar ocupado y acelerado, y la necesidad de frenar y enfocarnos en una cosa y solo en una cosa nunca ha sido mayor. En un día común, nuestros teléfonos no dejan de sonar, nuestros mensajes no dejan de entrar, y nuestras reuniones no dejan de invadirnos. Incluso cuando vamos a casa al final del día, los múltiples sombreros que llevamos por lo general siguen puestos. La verdad es que hemos perdido el arte de desconectar de todo para ser capaces de reconectar con una cosa. Si realmente somos honestos, a veces necesitamos que Dios interrumpa nuestras vidas incesantemente ocupadas para que podamos enfocarnos solo en una cosa. Quizá esa cosa sea Él. Quizá esa cosa seas tú. Quizá esa cosa sea tu familia. Quizá esa cosa sea el futuro. Sea lo que sea esa cosa, deja que te lleve de vuelta a ese lugar donde puedas apreciar el *proceso* más que el *producto*.

LECCIONES DE PAISAJISMO

Durante los años, he llegado a entender que las personas más difíciles a quienes inspirar son las que han hecho cosas de cierta forma una y otra vez durante años, y no han visto el fruto que esperaban. No es que sean incapaces o estén en contra de cosas nuevas que Dios puede estar haciendo en su vida, tanto como que han experimentado el nivel más alto de decepciones.

Cuando nuestras vidas son fructíferas, es fácil decir que seguiremos haciendo algo para seguir dando fruto. Pero cuando nuestras vidas son estériles, es incluso más fácil querer irse.

Veamos una historia que Jesús contó acerca de un hombre que había experimentado decepción una y otra vez:

> *Luego Jesús les contó la siguiente historia: Un hombre plantó una higuera en su jardín, y regresó varias veces para ver si había dado algún fruto, pero siempre quedaba decepcionado. Finalmente le dijo al jardinero: "Llevo tres años esperando, ¡y no ha producido ni un solo higo! Córtala, sólo ocupa espacio en mi jardín". El jardinero respondió: "Señor, dale otra oportunidad. Déjala un año más, y le daré un cuidado especial y mucho fertilizante. Si el año próximo da higos, bien. Si no, entonces puedes cortarla".* (Lucas 13:6-9)

Esta parábola para algunos de nosotros resulta muy cercana. Hemos sido el hombre que plantó y plantó, solo para no ver fruto después de muchos años. Hemos sentido la frustración de querer cortar algo de nuestra vida, en vez de intentar arreglarlo una y otra vez. Pero no todos hemos escuchado la voz de Dios diciéndonos que le demos otra oportunidad. La realidad es que este árbol nunca dio ningún tipo de fruto, ni siquiera uno solo. No tiene sentido que este jardinero pidiera más tiempo si nunca había visto fruto en él. La mayoría podríamos entender el hecho de luchar por algo que al menos ha dado algún tipo de indicación de que el fruto era una posibilidad, pero luchar para mantener algo que nunca ha producido nada es ilógico.

Entonces ¿qué sabía este jardinero que no sabía su jefe?

Mi padre me enseñó todo lo que sé acerca de la vida y el paisajismo. Lo que aprendí de él acerca de cada cosa le dio sabiduría a la otra, y me dio el conocimiento y la apreciación de los ciclos y ritmos de crecimiento. Una parte de sabiduría que mi padre siempre me recordaba era el proceso de maduración en los árboles y las plantas. Cuando recibíamos una llamada de un cliente enojado por un árbol que no estaba produciendo lo que él esperaba, mi papá siempre decía: "No está preparado. Aún no ha madurado. Seguiremos cuidándolo". A veces le gritaban por árboles que no producían nada, y lo único que él decía era: "No se puede forzar. Se necesita tiempo". Con algunos clientes, teníamos que ir y llevarnos los árboles porque ellos no estaban dispuestos a pasar por el proceso de esperar a que madurasen. Años después, cuando yo me frustré con cosas en mi vida que no producían lo que yo esperaba, mi padre me dijo lo mismo que decía a sus clientes: "No puedes forzarlo. Necesita tiempo".

En la parábola que Jesús contó, el jardinero conocía el valor del tiempo y la paciencia en el proceso de maduración. Entendía que si seguía nutriendo al árbol, alimentándolo y regándolo una y otra vez durante un año más, finalmente daría fruto. Cortarlo revelaría la inmadurez no solo del árbol, sino también del hombre que no tuvo la paciencia de dejarlo crecer más tiempo. Cuando cortamos cosas de nuestra vida demasiado pronto, en lugar de seguir nutriéndolas, alimentándolas y regándolas, exponemos nuestras propias áreas de inmadurez que necesitan desarrollarse. A veces Dios retendrá una etapa de fruto en nuestra vida para exponer las áreas en nosotros que tienen que madurar y crecer. Aunque pudiera parecer que está violando su propia ley de siembra y cosecha al retener una cosecha, en realidad es un indicativo de su autoridad sobre las cosechas para determinar sus tiempos y estaciones. Dios quiere que deseemos más al Único que está a cargo de la cosecha que a la cosecha misma.

EL OSADO "OTRA VEZ" DE UNA PAREJA

Adam y Vanesa llevaban casados casi cinco años cuando solicitaron el divorcio. No habían comenzado peleando, pero es así como terminaron. Se peleaban por el dinero, sus carreras profesionales, la familia, el sexo, el futuro, el pasado, y todo lo que hay entre medio. Estaban cansados de discutir todos los días, y estaban listos para arrojar la toalla en cuanto a los sueños de tener hijos, comprar una casa y envejecer juntos. Parecía que ya no valía la pena cuando todo lo que intentaban fracasaba una y otra vez. Aunque el divorcio nunca fue una opción antes de decir el "sí quiero", parecía ser su única opción ahora. Se habían quemado demasiados puentes entre ellos, y se habían dicho demasiadas palabras en ira como para poder perdonar. Se había terminado, y por mucho que ambos odiaban admitirlo, creían genuinamente que ambos estarían mejor sin estar casados. Incluso sus familias sentían que el divorcio era su mejor esperanza para encontrar a alguien mejor, y volver a intentarlo.

Cuando terminaron los papeles del divorcio, cada uno se fue por su propio camino y perdieron el contacto entre ellos. Y durante un periodo de tiempo, estaban mejor sin el otro. Persiguieron sus sueños personales, y tuvieron bastante éxito. Salieron con otras personas, pero ninguno se volvió a casar por temor a volver a experimentar otro divorcio. Ambos apenas tenían treinta años, y aún sentían que tenían mucho tiempo para encontrar la pareja perfecta. Estaban equivocados. No mucho después del noveno aniversario de su divorcio, a Vanesa le diagnosticaron un cáncer de mama. Devastada, lloró durante semanas mientras su familia y sus amigos intentaban con todas sus fuerzas que no perdiera la esperanza. Tras tres meses de agresiva quimioterapia, los resultados de Vanesa parecían buenos, y ella intentaba recuperar lo que humorísticamente llamaba su vida AC: su vida "antes del cáncer".

Pero Vanesa había cambiado. El cáncer le había hecho distinta de una forma que no podía explicar. Quería hacer las paces con Dios, y aceptó una invitación de una compañera de trabajo para asistir a una de nuestras reuniones. Vanesa entró en nuestra iglesia un domingo por la mañana con su cabeza agachada, y su corazón afligido. No estaba segura de lo que estaba buscando, y tampoco estaba segura de querer que le buscaran, pero de todos modos allí estaba. Al final de la reunión salió, y estaba a escasos metros de su automóvil cuando escuchó que alguien le llamaba. Un poco perdida y muy confundida, se dio la vuelta, y vio un rostro familiar que se aproximaba hacia ella.

Adam no estaba seguro de cómo reaccionaría al verlo, pero cuando la vio en la reunión, supo que quería decirle hola. Más delgada y frágil de como la recordaba, ella a duras penas parecía la mujer con la que él discutía día y noche casi diez años atrás. La observó durante la mayor parte de la reunión, preguntándose si él realmente tendría el valor de decirle hola. En el llamado al altar intentó cerrar los ojos, pero no pudo evitar abrirlos de vez en cuando para ver si ella levantaba su mano para aceptar a Cristo. Enjugándose las lágrimas de los ojos, ella había levantado su mano, pero no había dejado su asiento para pasar al frente. Al final de la reunión, ella recogió calladamente sus cosas y se fue, manteniendo la cabeza agachada todo el tiempo. Adam intentó alcanzarla y gritó su nombre, pero ella no le oyó. Se sintió como un necio y quería darse la vuelta e irse, pero por alguna razón no pudo. La volvió a llamar justo unos metros antes de que llegara a su auto, y lentamente ella se dio la vuelta.

Intercambiaron saludos y comentarios sobre lo bien que estaban ambos, mientras cada uno se preguntaba qué hacer después. Solo hablaron durante unos minutos, pero fue un comienzo. La semana siguiente, Vanesa regresó con el mismo andar cansado y la cabeza agachada. Pasaron casi seis meses de encontrarse ocasionalmente hasta que Adam tuvo el valor de pedirle que tomara un café con él. Ella accedió, pero no sabía por qué. Durante el transcurso del año siguiente, Vanesa y Adam se volvieron a hacer amigos. Se sentaban juntos, asistían a los grupos de vida juntos, y se quedaban hablando después de la reunión. De esa amistad surgió un lamento mutuo por causarse el uno al otro tanta angustia cuando estuvieron casados. Reconocieron su mutua culpa por el divorcio, y expresaron un remordimiento genuino por cómo se habían tratado el uno al otro. Ahora eran distintos, más mayores y más sabios, y su marco de vida había cambiado desde que se habían hecho cristianos. Una y otra vez, hablaban de lo diferente que sería ahora su matrimonio si hubieran tenido una relación con Dios en ese entonces.

La conversación sobre volver a casarse surgió casi dos años después de verse por primera vez fuera de la iglesia. Parecía ridículo, pero aun así, seguía surgiendo. Bromeaban sobre lo divertido que sería si decidieran hacerlo. Fue Adam quien se dio cuenta de que habían sido amigos durante más tiempo desde que se vieron en la iglesia, de lo que eran cuando fueron novios. Cuando el cáncer de mama regresó, Adam volvió a la realidad de que Dios le había dado otra oportunidad de envejecer con Vanesa. Juntos pasaron otra ronda de quimioterapia, y de nuevo hablaron de volver a casarse. En su último día de quimioterapia, Adam volvió a proponerle matrimonio. Asistieron a nuestras clases de matrimonio, y dijeron el "sí quiero" otra vez delante de un grupo que era una mezcla de personas que habían estado en su primer matrimonio, y quienes estaban listos para ayudarles a celebrar su segundo.

Ese año fue la última vez que regresó el cáncer de Vanesa, y fue el último año que pasaron un día separados.

DECIR SÍ OTRA VEZ

Hay un poco de Adam y Vanesa en todas nuestras historias. Todos nos hemos alejado de algo en nuestra vida a lo que desearíamos regresar algún día. Todos hemos pasado por desafíos que nos han hecho replantearnos nuestra relación con Dios y la eternidad. Todos hemos llegado al lugar donde nuestro pasado se encuentra con nuestro presente, y nos da una oportunidad de volver a escribir nuestro futuro. Adam y Vanesa decidieron casarse otra vez a pesar de que las estadísticas decían que no lo conseguirían. Decidieron hacerlo otra vez aunque su familia y amigos les aconsejaron no hacerlo. Decidieron hacerlo otra vez a pesar del temor a terminar exactamente igual que antes.

¿Qué habríamos decidido si esta hubiera sido nuestra historia? ¿Seríamos capaces de darle a Dios otra oportunidad de hacer algo nuevo en nuestra vida? Me gustaría pensar que sí, a pesar de los riesgos, la oposición y los temores.

¿Y si Dios te dijera que eso es exactamente lo que Él está haciendo mediante este libro? ¿Qué dirías si Dios te dijera que está usando este libro para llevarte de nuevo a un lugar donde estés dispuesto a renovar tu pacto con Él otra vez? ¿Estarías dispuesto a soltar las viejas peleas, discusiones y reglas que tenías en tu primera relación con Él? ¿Le permitirías enseñarte la obra del *otra vez* que ha hecho al sanarte de todos los dolores y quebrantos que amenazaban con matarte por dentro? ¿Le permitirías volver a traer a tu vida a personas que te han herido, decepcionado, y dejado en el pasado?

Creo que estás listo. Creo que dirías que sí otra vez. Creo que esta es la última vez que el cáncer de reglas regresará a tu vida. Y creo que hoy es el último día que pasarás separado de Dios.

Cuando mejor somos servidos es cuando servimos.

11

EL AHORA Y EL SIGUIENTE

*"Las grandes cosas en las empresas nunca las logra una sola persona.
Las logra un equipo de personas."*
—Steve Jobs

Cada sistema de reglas debe pasar por el proceso de la progresión para poder alcanzar a una nueva generación. Piensa en cómo progresan las reglas a medida que crecemos. Cuando éramos pequeños, las reglas eran muy precisas. Según crecíamos, nos encontrábamos viviendo cada vez con menos reglas y más libertad. No es que los principios base que están detrás de las reglas hayan cambiado; son los métodos los que han evolucionado. Hoy día, mientras la generación de *ahora* y la *siguiente* trabajan codo con codo, la necesidad de cambiar nuestros métodos, no nuestros principios base, es mayor que nunca porque nunca antes ha existido una brecha generacional como la que existe actualmente entre las generaciones de ahora y la siguiente. Las cansadas reglas de ayer han perdido su lustre y atracción para la siguiente generación, mientras que las cambiantes reglas de mañana ofrecen poca seguridad a la generación de ahora.

Las reglas han creado la gran división entre la generación de ahora y la siguiente. Verás, las reglas no solo limitan nuestra relación con Dios. También pueden limitar nuestra relación con otros. Quizá empiecen con las mejores intenciones, pero si se convierten en muros en lugar de puentes, inevitablemente conseguirán solo dividir, alienar y excluir.

Hoy, lo que una generación sostiene como ley es inconsecuente para la otra. Lo que una generación incluye, la otra lo excluye. Lo que una generación defiende, la otra lucha para oponerse. Las reglas que alienan a una generación de otra comienzan como opiniones, opiniones que no pueden romperse, alterarse o ampliarse. Y una opinión que no cambiará se convierte en una regla interna que no se romperá. Una opinión que no se ajustará se convierte en una ofensa que no perdonará. Una opinión que rehúsa la posibilidad de estar equivocada se convierte en una relación que no puede crecer para ninguno de los dos. Cuando olvidamos que las opiniones pueden ser puramente subjetivas, perdemos la capacidad de trabajar juntos hacia una meta común. Y cuando no podemos trabajar juntos para lograr una meta común, el bien que se puede lograr mediante las manos de muchos se encoge para encajar en las manos de uno. La Biblia lo dice así: *"Cinco de vosotros perseguirán a ciento, y ciento de vosotros perseguirán a diez mil"* (Levítico 26:8; ver Deuteronomio 32:30 RVR 1960).

La brecha generacional cada vez más amplia no es culpa de una generación o de la otra. Es una falta mutua de acuerdo, honra y respeto que hace que la guerra a nuestro alrededor se convierta en la guerra en nuestro interior. Cuando la de *ahora* ve a la *siguiente* siendo favorecida mediante aquello por lo que ellos tuvieron que pagar un alto precio, la brecha aumenta. Cuando la *siguiente* ve a la de *ahora* imponer estándares anticuados que ya no son relevantes, la brecha aumenta. Cuando tanto la de ahora como la siguiente ven que la otra generación supera, opaca y menosprecia el fruto de su trabajo, la brecha aumenta.

Nuestros enemigos ya no son quienes se oponen a nuestra causa. Nuestros oponentes ya no son los que se rebelan contra Dios. Nuestros adversarios ya no son quienes defienden creencias y mentalidades opuestas al reino. Ahora, nuestros enemigos, oponentes y adversarios son los que se nos oponen personalmente, se rebelan contra nosotros generacionalmente, y se oponen a nosotros filosóficamente.

Y cuanto más ancha es la brecha, más tiene que obrar Dios para unirnos de nuevo.

Una verdadera inclusión de ambas generaciones significa derribar las barreras que impiden la fortaleza de cada generación. Cada generación debe ser capaz de operar plenamente en honor, corazón y hambre. El honor, tanto de la de ahora como de la siguiente, abre el camino para que el legado se pueda transmitir a la siguiente. La humildad de corazón en ambas generaciones aísla, protege y evita las repercusiones relacionales. Y el hambre de ver una demostración mayor del poder y de la presencia de Dios que ninguna otra generación previa las conduce a trabajar juntas, en vez de separadas. Cuando las tres cosas están vivas y activas en la generación siguiente y en la de ahora, hay una pasión unificada para mantenerse leales al pasado, mientras permanecen ferozmente leales al futuro. Y no hay límite para lo que ambas pueden conseguir juntas.

A través de los lentes de las reglas, parece lógico pensar que una generación tiene razón mientras que la otra debe estar equivocada, pero según el punto de ventaja de Dios, eso no es siempre así. A través de Jesús, Dios no adopta una perspectiva en blanco y negro. Dios rompe las reglas tradicionales de lo que está bien y lo que está mal, para ver la visión mayor que renuncia al derecho a estar en lo correcto por las razones correctas. A veces la razón correcta es traer paz en medio de la guerra. A veces la razón correcta es alcanzar una ganancia mayor que la pérdida. Y a veces la razón correcta no se conoce hasta mucho después.

En la vida de David, cuando fue ungido y llamado como el siguiente, Saúl seguía siendo el ahora. Dios solapó el ahora y el siguiente durante casi dos décadas antes de llevar a David al ahora. ¿Por qué promovió Dios a David sin primero retirar a Saúl? Creo que Dios dejó a Saúl en la vida de David para tratar con el "Saúl" en David que había nacido durante los años que pasó siendo formado bajo el liderazgo de Saúl. David tenía que ver, y alejarse, del tipo de influencia de liderazgo que Saúl exhibió. A veces Dios deja líderes del ahora en su posición para que la siguiente generación pueda ver cómo no liderar. Y del mismo modo, Dios dejó a David en la vida de Saúl para recordarle a Saúl que él también en un tiempo había sido escogido y llamado por Dios, al igual que lo fue David, pero que Saúl había olvidado y rechazado el llamado. No fue hasta muchos años después de que David fuera ungido como rey cuando vemos cómo Dios durante todo el tiempo estuvo tratando tanto con el David en Saúl, como con el Saúl en David.

Las reglas sobre las reglas tienen que cambiar si las generaciones del ahora y la siguiente quieren trabajar en tándem para lograr metas comunes. Quizá parezca que las dos generaciones están en los lados opuestos del espectro, pero si permitimos que Dios edifique un puente entre ambas, podemos comenzar a ver un futuro más fuerte juntos. Podemos tomar la sabiduría y experiencia del ahora, y fundirlas con la creatividad y pasión de la siguiente para ver un poder actual y una fortaleza que sobrepasan lo que una generación podría lograr por sí sola. Como el plan de Dios para nosotros es siempre mucho mayor de lo que podemos *comprender* por nosotros mismos, parece coherente pensar que Él puede crear un futuro para nosotros que esté también más allá de nuestra capacidad para *alcanzarlo* por nosotros mismos. El ahora necesita al siguiente, y el siguiente necesita al ahora.

CERRAR LA BRECHA

A menudo, la brecha entre la generación de ahora y la siguiente la cierran los que pueden hablarles a ambas. Ellos facilitan el liderazgo cruzado. Se les puede ver como la generación del "medio", y la Biblia nos da un cuadro claro de su poder y necesidad vital en el libro de Génesis.

Cuando el patriarca Jacob se aproxima al final de sus días, ciego y enfermo, José lleva a sus dos hijos a Jacob para que los bendiga. Ahora bien, Manasés era el nieto mayor y representa a la generación de liderazgo mayor, del *ahora*. Tradicionalmente, la mano derecha de Jacob debería descansar sobre Manasés como un símbolo de la bendición mayor de Dios. Efraín era el más joven y representa la *siguiente* generación de líderes. Tradicionalmente, él recibiría la mano izquierda de menor bendición.

Ellos entran en la tienda, y José sitúa a Manasés a la derecha de Jacob y a Efraín a su izquierda, pero Jacob rompe las reglas y hace algo completamente inesperado. Cruza sus manos en forma de X para que su mano derecha de poder descanse sobre el hijo menor, y su mano izquierda sobre el hijo mayor. José piensa que su padre ha cometido un error, pero Jacob sabe exactamente lo que está haciendo:

> Pero José se molestó cuando vio que su padre puso la mano derecha sobre la cabeza de Efraín. Entonces José se la levantó para pasarla de la cabeza de Efraín a la cabeza de Manasés. -No, padre mío -le dijo-. Este es el hijo mayor; pon tu mano derecha sobre su cabeza. Pero su padre se negó a hacerlo. -Ya lo sé, hijo mío, lo sé -respondió él-. Manasés también llegará a ser un gran pueblo, pero su hermano menor será aún más grande y de su descendencia se formarán una multitud de naciones.
>
> (Génesis 48:17-19)

En nuestro tiempo, se podría pensar en la generación del "medio" como la Generación X, la cual al igual que Jacob, personifica el conducto de bendición cruzado desde la generación del ahora, los *Baby Boomers*, y la siguiente generación, los *Millennials*. La Generación X lleva la responsabilidad de cerrar la transición de liderazgo hacia los *Millennials* liberando la mano derecha de poder al futuro, a la vez que usa su mano izquierda para mantener una honra por el pasado. Como la Generación X fue conducida por la fuerza impulsora de los *Baby Boomers*, y ahora se le pide que dirija con el toque sensible de los *Millennials*, representan la oportunidad de sacar lo mejor de ambas generaciones. Cuando la Generación X dirige a los *Millennials* a honrar el pasado y el futuro, vemos una colaboración que es más fuerte y más sabia.

La transición entre generaciones también se ve en el ministerio de Jesús. La mayoría argumentaría que Jesús cambió el mundo mediante la siguiente generación, ya que se creía que la mayoría de sus discípulos tenían menos de dieciocho años. Esto es cierto, pero no del todo. Los discípulos no tenían la credibilidad para alcanzar al mundo con el mensaje de Jesús de verdad y gracia. Les faltaba la experiencia, autoridad y autenticidad para revolucionar radicalmente el mundo para Cristo. Para cerrar la brecha, Jesús sabía que necesitaba que el *ahora* estuviera junto al *siguiente*.

¿Quiénes eran la generación del ahora en los días de Jesús? Quizá te sorprenda, pero eran los fariseos. Mediante numerosos relatos bíblicos conocemos la actitud de menosprecio y condena que tenía Jesús hacia los fariseos, así que de forma natural los excluimos como parte de la ecuación de Jesús para cambiar el mundo. Sin embargo, si leemos Mateo 5, veremos una línea que nos da la idea de cómo Jesús veía a los fariseos inicialmente: "[Jesús dijo] *Porque os digo que si vuestra justicia no fuere mayor que la de los escribas y fariseos, no entraréis en el reino de los cielos*" (Mateo 5:20 RVR 1960).

¿Cómo podía Jesús llamarlos el estándar de justicia, y después llamarlos raza de víboras? ¿Por qué Jesús los elevó, y luego los denunció? ¿Qué cambió?

Los fariseos eran eruditos de la ley, que vivían y operaban bajo la única revelación conocida en ese tiempo. Jesús los veía como la generación del ahora que podría haber ayudado a los discípulos a cumplir la ley que los fariseos conocían mejor que nadie. Él vio su potencial de dirigir a una generación que tenía tanto el conocimiento de la ley como la revelación del Salvador. ¿Qué mayor colaboración podría haber?

El único problema es que los fariseos no querían ser *solo* el ahora; querían ser el ahora que controlara al siguiente. Querían un Mesías que siguiera sus leyes y métodos. Querían que las leyes siguieran siendo como ellos las entendían según sus propios términos. Su amor y conocimiento de la ley les debería haber posicionado para ser el ahora, pero su negativa a abrirse a nuevos métodos y nueva revelación les descalificó. Su incesante rechazo del cumplimiento de la ley que mostraba Jesús le obligó a buscar un nuevo ahora, un ahora que estuviera dispuesto a romper las tradiciones humanas de la ley, que obstaculizaban la voz de Dios y limitaban su revelación.

Por lo tanto, en lugar de que los fariseos trabajaran junto a los discípulos, Dios promovió a la persona más improbable del mundo para que representara el ahora: Pablo, un fariseo asesino cuyo verdadero nombre era Saulo. Dios se deshace del libro de reglas, interviene en la vida de Saulo cuando iba de camino a matar más cristianos, le convierte, le cambia el nombre, y le usa para convertirse en el siguiente ahora (ver Hechos 9).

Es un movimiento escandaloso por parte de Dios, pero Pablo era perfecto. Era mayor y más sabio, y más consciente de la necesidad de romper las leyes que impedían una relación genuina con Dios. Él puso sobre la mesa la capacidad de entender plenamente la ley, y entender plenamente la gracia ahora escrita en la ley mediante la sangre de Jesús. Él tenía legitimidad, autoridad y una historia increíble de conversión que nadie podía negar. Él fue la Generación X de su tiempo, construyendo un puente que unió el ahora y el siguiente.

Pero no podemos olvidar que él no era a quien Jesús buscó primero. ¿Por qué es eso importante? Si aquellos de nosotros que somos el *ahora* perdemos de vista la necesidad de estar constantemente abiertos a una revelación mayor de la que actualmente tenemos, Dios tendrá que encontrar a otro, incluso aunque tenga que romper las reglas para intervenir. Encontrará a los Pablos que serán el puente si Él no puede derribar las murallas de los fariseos en nosotros.

Jesús representó a una generación de liderazgo que era real, relevante y radicalmente nueva. Estaba libre de la atadura religiosa que plagaba a los fariseos que lo menospreciaban. Los fariseos representaban a una generación de liderazgo que era rígida, tozuda e hipócrita. Sin embargo, así como cada fariseo no era como Saulo (por ejemplo, Nicodemo) y cada discípulo no era como Jesús (por ejemplo, Judas), tenemos que recordar que no todos en la generación del ahora dirigen como un fariseo, y no todos en la siguiente generación dirigen como Jesús.

En un nivel, las brechas generacionales tienen que ver con la edad, pero sus raíces van mucho más allá de eso. Por lo general, tienen que ver más con un modelo de liderazgo que con cierta edad. Si podemos dejar de referirnos al título de "líder" como alguien que está al mando, y lo usamos simplemente para referirnos al que fue primero, finalmente veremos la brecha generacional mediante los lentes correctos.

ROMPER LAS REGLAS ENTRE AHORA Y EL SIGUIENTE

Antes de comenzar nuestra iglesia, yo luchaba constantemente por tener el ahora y el siguiente junto a mí, para reflejar tanto el amor por la verdad como el amor por la gracia que venía del Espíritu. Pero no fue hasta que abrimos varios campus cuando verdaderamente me di cuenta de la profundidad de la estrategia de Dios para el éxito, tanto en el ahora como en el siguiente. Cuando estás en un campus, puedes transmitir fácilmente tu misión y visión a través de los líderes que tienes a tu lado. Sin embargo, cuando te multiplicas en otras ciudades, comunidades y países, todo cambia. Comencé a darme cuenta de nuevo de lo vital que era cada generación para las personas que Dios quería alcanzar a través de nuestra iglesia. Si visitas un campus, quizá veas a los pastores de ese campus reflejando el ahora, porque es la necesidad mayor de la comunidad para la que han sido llamados. Pero visita otro campus y verás a un pastor de campus que refleja al siguiente, porque es a quienes está alcanzando en su círculo de influencia.

Lo que ha marcado la diferencia ha sido su capacidad de trabajar con líderes del ahora y del siguiente junto a ellos, y formar líderes del ahora y del siguiente detrás de ellos. Reconocen que no pueden ser del ahora y del siguiente en cada etapa de su liderazgo, pero pueden producir un fruto que refleja tanto el ahora como el siguiente como resultado de luchar para proteger a ambas generaciones. Si nuestros campus solo reflejaran una generación o la otra, no seríamos capaces de cumplir la misión y la visión que Dios nos dio, y eso limitaría a las generaciones que vendrán después de nosotros.

Quizá no seas un pastor o un líder que está construyendo una iglesia con varios campus. Tal vez eres un empresario que tiene la influencia para alcanzar el mundo del ahora, pero no estás seguro de cómo alcanzar al siguiente. Quizá eres un padre o madre que intenta descubrir cómo educar a esta siguiente generación en una cultura que es muy distinta de aquella en la que creciste. O quizá eres un joven que está intentando saber cómo abrirse camino en el siguiente sin un pastor, mentor o líder del ahora junto a ti. Puede que tu identidad siempre haya estado en el siguiente, pero Dios te está moviendo al ahora y estás tropezando con una nueva realidad. Dondequiera que estés en la vida en este momento, ahora o siguiente, hay unas pocas reglas que hay que romper si queremos ayudar a cerrar la brecha entre la generación actual y la siguiente.

1. ROMPER FALSOS CONCEPTOS SOBRE LAS TRANSICIONES

La primera regla que tenemos que romper para cerrar la brecha generacional es la de los conceptos erróneos acerca de las transiciones. Nos gusta creer que cada generación tiene que entregar las riendas a la siguiente en una transición perfecta similar a una carrera de relevos. Nos encanta esta analogía, hasta que la entrega se complica. Algunos queremos entregar nuestra parte y frenar hasta detenernos, mientras otros queremos que la entrega sea más pronto a fin de que ellos puedan comenzar su propia carrera.

En una carrera de relevos hay algunas cosas necesarias para una transición. Primero, el corredor receptor siempre comienza a correr antes de la entrega. Cuando han salido y están corriendo, el batón llega a su mano. Nunca se entrega en una posición de descanso. Segundo, el corredor receptor no mira para atrás por el batón. Mantiene su mano extendida hacia atrás, y espera a que el batón sea colocado en su mano. Es tarea del corredor que lleva el batón ponerlo en el lugar correcto. Tercero, la entrega siempre cambia de manos, de la mano izquierda a la mano derecha o de la mano derecha a la mano izquierda. Nunca es la misma mano la que da y la que recibe.

Si tú eres de la siguiente generación, ¿estás preparado para correr sin nada en tu mano, o estás esperando a poseerlo antes de poder correr con ello? Si sabes lo que Dios te ha prometido, puedes empezar a correr con tus ojos enfocados hacia delante, *como si* ya lo tuvieras.

Si eres de la generación del ahora, ¿estás corriendo tu carrera para entregar tu batón y empoderar a la siguiente? La siguiente generación debe sentir que todo lo que viene de la mano de Dios para ti se lo estás entregando como si Dios les estuviera empoderando a través de ti. Recuerda: le corresponde al *ahora* asegurarse de que lo que hay en su mano llega a la mano de las generaciones siguientes, y no a ellos.

Tanto para la generación del ahora como para la siguiente, ¿están buscando juntos formas de cambiar las manos para un nuevo método? Nada de lo que se transmite sigue siendo igual. Se *supone* que debe cambiar. Si queremos ver un resultado radicalmente distinto en nuestras generaciones actuales y siguientes, cada familia, cada empresa y cada iglesia debe tener una estrategia de entrega que prepare a ambas generaciones para una victoria mayor en la línea de la meta.

Podemos ver cómo sucedió esto en entregas clave de la Biblia. David ya estaba corriendo en el campo cuando el batón llegó a su mano del profeta Samuel. Los discípulos Simón Pedro y Andrés ya estaban corriendo como pescadores cuando Jesús los llamó a ser pescadores de hombres. Cuando Pablo recibió el batón, pasó de la mano izquierda de poder a una nueva mano derecha de autoridad e influencia. Fue el cambio de influencia lo que se necesitaba para remediar todos los métodos que no estaban funcionando cuando los fariseos tenían el batón.

Cada una de estas entregas del ahora al siguiente fue difícil, pero necesaria. Algunos rompieron las reglas para recibir sus batones, y otros rompieron las reglas para entregarlos, pero si no lo hubieran hecho, no tendríamos un ejemplo que seguir hacia la victoria. Cuando trabajamos juntos, conseguimos ser mejores en las transiciones y entregas. Queremos vernos unos a otros dando y recibiendo todo lo que Dios pone en nuestra mano de la mejor forma posible para poder celebrar un triunfo conjunto, en vez de una victoria individual.

2. ROMPER LA REGLA DE LA TRANSFORMACIÓN INSTANTÁNEA

La segunda regla que hay que romper cuando estamos trabajando juntos como aliados es la regla de la transformación instantánea. Con el avance de la tecnología, consiguiendo que todo sea prácticamente instantáneo, tendemos a aplicar ese mismo principio a cada área de nuestra vida. Enseña lecciones de vida en el automóvil de camino a la escuela, y ¡puf! después de la escuela debería salir un niño bien arreglado y bien preparado. Lanza algunos versículos un domingo por la mañana y ¡voilá! debería estar listo un discípulo bien preparado al final de la reunión. Como estoy seguro de que estás pensando, no funciona exactamente así, aunque a veces nos gustaría que así fuera. La transformación lleva tiempo.

Transformar a la siguiente generación para que se convierta en la generación de ahora tomará tiempo, así como transformar a la generación del ahora para que ocupe el asiento trasero con respecto a la siguiente también tomará tiempo. Cuando forzamos las transiciones demasiado rápido desde cualquier generación, perdemos la oportunidad de ver cómo se produce un discipulado genuino. Nos perdemos las conversaciones que nos acercan, las lecciones no declaradas que aprendemos observando con el tiempo, y nos perdemos las respuestas a preguntas que encontramos por el camino. El éxito instantáneo no es imposible, pero el éxito instantáneo de equipo sí lo es. Los equipos necesitan tiempo, y tiempo significa aminorar para explicar, escuchar y ajustar. Si la de ahora no se compromete a edificar relaciones genuinas con la siguiente, contribuiremos sin saberlo al abandono de liderazgo que la siguiente rehúsa heredar. Quizá aminorar te frustre, pero no hay nada más frustrante que la persona correcta empujada a la posición correcta en el momento equivocado.

3. ROMPER LA REGLA DE LA NO TRANSPARENCIA

La tercera regla que ha mantenido a la generación actual y la siguiente atascadas en lados opuestos es la idea de que ninguna generación puede ser transparente. Hay una teología interna no expresada que evita que la del ahora y la siguiente sean transparentes, por temor a ser considerados débiles, indignos y reemplazables. Es esta idea errónea lo que ha dejado al ahora y al siguiente batallando unos contra otros, en lugar de batallar juntos. Compartir nuestro dolor, nuestras preocupaciones y nuestras debilidades debería ser tan natural para nosotros como compartir nuestros logros, victorias y fortalezas. Cuando los padres, jefes y líderes son transparentes en cuanto a sus luchas, sin saberlo les dan a sus hijos, empleados y discípulos el derecho de ser también humanos con retos verdaderos. Confiar en que otros nos consideren bajo la misma luz, aunque no somos perfectos en cada momento, nos permite relacionarnos unos con otros más allá de títulos, ambiciones y agendas. Es esta filosofía lo que nos permite influenciar a la siguiente desde cerca, en lugar de simplemente impactar desde lejos. Y del mismo modo, cuando creamos oportunidades para que cada generación se levante cuando tropieza, creamos una confianza y fe más fuertes unos en otros, en vez de destruirnos unos a otros.

CUANDO LA DE AHORA Y LA SIGUIENTE TRABAJAN JUNTAS

Cuando mi madre falleció inesperadamente poco más de un año después de la muerte de mi padre, fue un dolor como ningún otro. Sacudió lo más interno de mi ser, sabiendo que nunca volvería a oír sus voces. El peso de darme cuenta de que ahora era un huérfano atravesó mi corazón, y lo llenó con una oleada tras otra de dolor que no podía expresar a nadie. Mi esposa Georgina sostuvo mi corazón en los momentos más oscuros de pérdida, y fueron mis yernos quienes sostuvieron mi espíritu. Los días anteriores al funeral estuvieron llenos de una angustia increíble, y lo único que sentía era conmoción, pero los esposos de mis hijas, Abraham, TJ y Jody, estuvieron a mi lado, levantando mis brazos, protegiendo mis pasos, y llevándome de nuevo al pozo de sanidad. Al final de la semana, esos tres hombres y yo tuvimos un acercamiento mayor del que jamás habíamos tenido. Dios usó a estos hombres para levantar mi espíritu y superar el dolor que sentía en ese momento, y tiró de mí con ellos para llevarme a los momentos siguientes de paz y restauración.

Habría sido fácil levantar un muro y esconder mi propio dolor para proteger una imagen de fortaleza, pero no hubiera sido genuino y mis hijos lo habrían visto. En cambio, les habló mucho el hecho de que yo pudiera compartir con ellos mi dolor más profundo, y me impactó tremendamente saber que Dios me había dado hijos a los que podía confiar mi corazón. Aquella semana, y los días y semanas que siguieron, estuvieron llenos de momentos de liderazgo increíble de esta siguiente generación de hombres que ministraron a mi ahora. Una cosa es compartir tus victorias con aquellos más cercanos a ti, pero compartir tus dolores con quienes solo han visto en ti fortaleza es algo totalmente distinto. Si queremos romper las reglas del ahora y el siguiente para forjar alianzas genuinas con quienes han ido antes de nosotros, quienes están a nuestro lado y quienes irán más allá de nosotros, entonces tenemos que derribar los muros que aíslan de ellos nuestro dolor. Del mismo modo, el riesgo de soportarlo todo se debe reconocer y tratar con cuidado también, para que la carretera de confianza continúe fluyendo en ambas direcciones.

Una vez que rompemos estas reglas y comenzamos a cerrar la brecha generacional, empezamos a ver muchas otras oportunidades para mantener despejado el camino hacia el otro. Esas oportunidades llegarán cuando haya un entorno de amor, confianza y respeto construido por el ahora, y también por el siguiente. Con una comunicación transparente, un aprecio genuino y una coherente humildad, comenzamos a construir *communitas*, en lugar de la más ampliamente aceptada *comunidad*. La *comunidad* tiene que ver con un pueblo que está unido por un interés propio. *Communitas* es una palabra del latín que se refiere al espíritu que une a las personas con una causa y misión común. Es la diferencia entre "ellos para mí" y "yo para ellos". Juntos, Dios nos está llamando a ir más allá de perseguir la comunidad para ir en pos del propósito mayor de la *communitas*.

Por primera vez en la historia, hasta cinco generaciones trabajan codo con codo en las oficinas, las aulas, y las iglesias de hoy. Más que nunca, el ahora y el siguiente deben comenzar a dar pasos el uno hacia el otro para cerrar la brecha generacional. Si podemos romper las reglas en nosotros que detienen la bendición generacional para que no fluya libremente desde el ahora al siguiente, veremos un surgimiento de poder, autoridad e influencia que no está limitado a las paredes y al repertorio de la iglesia. Fluirá desde las puertas de la iglesia para ir a las calles, hogares, escuelas y oficinas de quienes no conocen a Dios, pero quieren conocerlo. Salpicará al que está afuera de la iglesia que no sabe si hay un siguiente para él o ella con Dios. Cambiará a las generaciones que aún han de nacer y a las que aún deben despertar, creando un sonido de convergencia que el mundo nunca ha escuchado hasta ahora. Es el mismo sonido del que leemos en la Biblia cuando el ahora y el siguiente colaboraron con lo que Dios había construido a través de ambas generaciones:

> (…) *Luego todo el pueblo dio un fuerte grito, alabando al* Señor, *porque se habían echado los cimientos del templo del* Señor. *Sin embargo, muchos de los sacerdotes, levitas y otros líderes de edad avanzada que habían visto el primer templo lloraron en voz alta al ver los cimientos del nuevo templo. Los demás, en cambio, gritaban de alegría. Los gritos de alegría se mezclaron con el llanto y produjeron un clamor que podía oírse a gran distancia.* (Esdras 3:11-13)

Es el sonido de los gritos de alegría por lo que nunca han visto, combinado con el llanto de aquellos que sí lo recuerdan, lo que se puede oír lejos en el futuro. No es el sonido de una generación, sino el sonido de múltiples generaciones trabajando juntas para ser la iglesia que Jesús viene a buscar. Es el sonido del futuro de nuestro futuro, y comienza ahora mismo contigo.

Regla 1: Dios es mayor que las reglas.

12

BORRÓN Y CUENTA NUEVA

"El amor gobierna sin reglas."
—Proverbio italiano

Hay muchas cosas que Dios quiere ser en tu vida, pero hay algunas cosas que nunca quiere volver a ser.

Cuanto más aprendemos acerca de Dios, y cuanto más crece nuestra fe en Él, es menos probable que volvamos a verlo como lo veíamos antes. Crecer en nuestro conocimiento de Él siempre nos acercará más a Él, y nos alejará más de las reglas que antes nos separaron de Él. La relación con Él que acabamos de encontrar nos desafía a quitarle los límites, y finalmente abandonar las viejas teologías de una vez para siempre. Todo lo que has estado intentando conseguir en tu vida y en tu relación con Él se encuentra en la verdad absoluta de que no hay ni una sola regla que pueda mantenerte fuera de la puerta de su aceptación, favor y promoción.

Nuestra relación con Dios solo continuará creciendo y desarrollándose si tomamos la decisión de no regresar a lo que antes creíamos, pensábamos y tolerábamos. Antes de descubrir al Dios que rompe las reglas, la mayoría de nosotros vivíamos con una imagen, relación y perspectiva de Él, limitadas. Nos aferrábamos a los contextos erróneos acerca de Él, pero ahora que has entendido plenamente que Dios vino a tu vida para liberarte de las teologías limitantes, cada vez tienes más confianza interiormente para avanzar hacia nuevas conversaciones y experiencias con Él. Esta nueva revelación de verdad y gracia te lleva a poder decir con Pablo:

> (…) *Sabemos muy bien que no somos justos delante de Dios cumpliendo reglas, sino solo mediante una fe personal en Jesucristo. ¿Cómo lo sabemos? Lo intentamos, ¡y teníamos el mejor sistema de reglas que hay existido en el mundo!(...)Yo intenté cumplir las reglas y me esforcé mucho por agradar a Dios, pero no funcionó.* (Gálatas 2:16, 19 MSG)

La verdad es que si las reglas no funcionaron entonces para Pablo, no van a funcionar ahora. Creo que ya no volverás a ver a Dios como lo veías antes. Quizá tu perspectiva original de Él era similar a un mito sin vida o un ídolo religioso. Tal vez lo veías como alguien estoico detrás de un sistema de reglas y estipulaciones. Quizá lo veías mediante los lentes de una breve memoria nostálgica de cuando eras joven; o puede que lo vieras como un padre distante que estaba despegado de tu vida. Todo eso ha cambiado. Ahora puedes verlo como Él es en verdad, y lo que ha hecho para que pudieras conocerlo personalmente.

Es mi oración que este viaje por las paradojas de Dios te haya dado un entendimiento y conocimiento de Él más profundos que aumenten tu revelación y relación con Él. Creo y oro para que hoy te estires un poco más, tengas un poco más de fuerza, y veas un poco más lejos por haber roto las imágenes limitantes de quién es Dios para ti.

Ahora depende de ti y de mí mantenernos libres de las reglas limitantes del pasado.

Donde antes nos aferrábamos a un patrón de rechazar y limitar a Dios, ahora podemos comenzar a establecer un nuevo patrón con Él, que aumente nuestra vida para que encaje con el reflejo de un Dios poderoso. Todos los pensamientos de no puedo ni podré que eran parte de tu vocabulario, ahora los puedes reemplazar por el *sí puedo* y *lo haré* de Dios. Sus patrones se convierten en las guías para nuevos patrones que te conducen no a la perfección, sino hacia la progresión. En vez de sentir que nunca puedes cometer un error, ves los beneficios y el crecimiento derivados de permitirle a Él corregir, ajustar y redirigir tus pasos. En vez de vivir atemorizado y aislado de un Dios del que no estás seguro, ahora puedes caminar con confianza en el futuro que Él ha escrito para ti, aunque eso signifique un camino distinto al que originalmente habías concebido. Aparte de a dónde Él te dirija, sabes que el final del camino no es el de más reglas o barreras entre tú y Dios. Es una vida espaciosa, ancha y abierta que te empuja hacia delante.

A estas alturas ya has descubierto y aceptado que seguir reglas no equivale a seguirlo a Él. Tu libertad fue comprada mediante una relación para una relación, no mediante una relación para seguir reglas religiosas. Y Él no lo hizo para que pudieras seguir siendo un esclavo de un nuevo conjunto de reglas en el futuro. Si abordamos cada día con un sentimiento de libertad, una y otra vez tomaremos la decisión de avanzar, en vez de retroceder. La libertad es un concepto sencillo en teoría, pero mucho más complicado en la práctica. Habrá momentos en que te veas tentado a regresar, solo porque es más fácil regresar a lo que te resulta conocido que avanzar y reconstruir un nuevo sistema de creencias sobre una fe nueva. Habrá veces en que lamentarás haber comenzado este viaje para conocer al Dios que rompe las reglas porque es vulnerable, revelador, y te expone. Pero si recorres todo el camino de tu libertad, te recompensará de formas que nunca imaginaste.

Él comenzará a mostrarte que no es solo Él quien ha cambiado. Tú también has cambiado, y este nuevo tú no está fundado sobre un momento, un logro o una revelación. Estás constantemente evolucionando y progresando, a medida que Dios ahora puede revelarte más y más sobre quién es Él para ti. Dios, que antes parecía distante y despegado, ahora invade cada detalle de tu vida para producir en ti resolución, paz y propósito. El muro de la ineptitud humana ya no amenaza tu futuro. Ya desapareció el espíritu de inseguridad y temor que te decía que eras indigno, no apto e irredimible. Ya se borraron las ideas de que las reglas de la sociedad son un reflejo de las del cielo. Ahora, una vida sacada de las imperfecciones crea oportunidades para la liberación de otros. El futuro se convierte ahora en borrón y cuenta nueva sin límites, fronteras y limitaciones, y *nada* se interpone entre tú y la vida sin restricciones que se encuentra en Cristo.

NUEVA ESCRITURA EN LA PARED

Entonces, ¿ahora qué?

Has intercambiado las reglas que ya no necesitas por una pizarra en blanco; ¿qué viene después? La libertad de aprender a conocer a Dios en una nueva dimensión y faceta te da una nueva oportunidad de experimentar partes de su carácter, corazón y naturaleza que nunca antes habías conocido. En vez de un conjunto de reglas que alguien ha establecido para ti, a medida que te acercas a Él comienzas a ser parte de la conversación con Él, que revela y define nuevas líneas fronterizas para tu vida.

Crecer en tu relación con Él crea un marco de revelación progresiva que te enseña lo que hiere, enoja, frustra, agrada y honra a Dios. Cuando lo conoces a Él con la suficiente intimidad para conocer las complejidades de su corazón, comienzas a tomar decisiones de manera natural que reflejan su corazón. Su amor por ti comienza a gobernar sobre ti, y te saca del desierto de las reglas. En vez de optar por no tener ninguna regla, se convierte en una respuesta instintiva para ti establecer límites que protegen tu relación con Él, no por obligación, sino como una demostración de tu relación personal con el Dios que existe más allá de las reglas.

Mediante la intencionalidad, nuestra vida comienza a mostrar indicios de una relación que siempre está creciendo, aprendiendo y avanzando, no solo con Él, sino también con todo aquel que se acerca a su propia revelación de un Dios que rompe las reglas para él o ella. Cuanto mayor es tu mundo, más quieres que otros experimenten la altura, anchura, amplitud y longitud de tu Dios. Avanzar en tus recién descubiertas revelaciones de Él nunca será un caminar a solas. Inevitablemente incluirá a personas por el camino que también están descubriendo la grandeza y la inmensidad de la presencia de Dios en *sus* vidas. La revelación siempre pedirá revelación. A medida que te asombras de quién es Dios, te apasionas por presentarles a otros a un Dios que no encaja en sus moldes. Te sientes obligado por gratitud a no permitir que nadie en tu presencia viva con una imagen marginada de su presencia.

Tu pizarra en blanco comienza a incluir a otros que han vivido con un entendimiento limitado de Él, pero que ahora están conociendo al Dios que rompe las reglas mediante tu ejemplo, testimonio y pasión. Algunos se sentirán atraídos a tener su propio encuentro personal con Él. Otros te menospreciarán, criticarán y discutirán contigo porque su revelación de Dios no es igual que la tuya. De cualquier forma, Dios usará tu vida y tu revelación de Él para iniciarles en su propia encrucijada de fe. El mundo está desesperado por conocerlo a Él por sí mismos, incluso si no pueden expresarlo. La condición y el sufrimiento de la humanidad que existe en nuestra vida cotidiana da un amplio testimonio de nuestra necesidad de *más de Dios* y *menos reglas*. Así como Dios te llevó a este viaje de descubrimiento con Él, permite que tu vida haga lo mismo con otra persona.

La parte bonita de Dios es que Él *quiere* que conozcas cada parte de Él. No está intentando esconderse detrás de reglas y estatutos que mantienen ocultas para ti partes pertinentes de Él. Él nos creó a ti y a mí a su imagen para que pudiéramos entender y emular esa imagen ante el mundo que nos rodea. Cuando la imagen que describimos de Él es contraria a quién es Él verdaderamente, aleja a las personas y eso nunca será algo que Él desee.

Te reto a vivir una vida con Dios que sea tan contraria a las creencias populares sobre Él, que te fuerce a tener que explicar cómo y por qué Dios se mueve en tu vida de forma tan poco ortodoxa, tan poco convencional, y tan inexplicablemente. Deja que las personas se queden tan perplejas por el favor y la promoción de Dios en tu vida, que quieran probarlo y entender cómo opera tu relación con Él. Tu fe en un Dios que rompe las reglas es como una historia de portada en las noticias cada vez que Él obra de una forma que otras personas no entienden. Ellos querrán saber por qué Dios obra en paradojas en tu vida, y cómo pueden verle hacer lo mismo en la suya. Aunque no estén listos aún para creer en un Dios que rompe las reglas, aun así querrán saber cómo crees tú en Él. Nadie quiere que le engañen o le dejen fuera de la carrera en algo que no conoce. Por eso Adán y Eva fueron tentados a pecar; deseaban más conocimiento. Querían saber lo que Dios sabía. Querían ser capaces de decir que no había nada que no supieran. Del mismo modo, personas se sentirán atraídas a ti porque quieren saber lo que tú sabes.

A menudo me he preguntado por qué Dios escogería dejar impresos todos los aspectos de la vida de David, lo bueno, lo malo y lo feo, para que pudiéramos leerlo en las Escrituras. Si Dios le perdonó a él, ¿por qué tuvo que incluirlo todo? Creo que es porque cuanto más conocemos la historia, más conocemos al Autor. Si no supiéramos los detalles de la vida de David que incluían cada aspecto de su viaje con Él, ni tan siquiera podríamos empezar a conocer a un Dios que no tiene miedo a usar a personas improbables, y a actuar de formas improbables para alcanzar a personas improbables.

Dios hace lo mismo a través de la historia que está escribiendo en tu vida y en la mía. Él está permitiendo que el mundo que te rodea vea las veces que has huido de Él, que has corrido hacia Él, y que has corrido por Él, para que puedan ver las facetas multidimensionales de quién es Él en tu vida. No serías capaz de cosechar un beneficio de una historia que comenzó mal y terminó bien sin saber todo lo que ocurrió entre medio. Pero Dios no nos retiene nada para que podamos comenzar a vivir sin retenerle nada a Él.

MÁS ALLÁ DE LA RELIGIÓN

Derick se crió creyendo que Dios quería tener muy poco que ver con él y, con toda honestidad, el sentimiento era mutuo. Sus padres eran ávidos creyentes en una religión que solo le dejaba con más preguntas que respuestas, pero él les obedecía y les seguía a la iglesia cada semana. Sin embargo, de joven adulto decidió poner fin a las tradiciones religiosas que no le acercaban más a Dios. No podía entender por qué le pedían hacer ciertas cosas cuando no tenía una relación verdadera con Dios. Durante años había visto demasiadas pruebas en los hombres y las mujeres que le rodeaban en la iglesia de que la religión no cambiaba tu vida. Seguían siendo iguales. Completamente convencido de que la iglesia y la religión no eran más que una pérdida de tiempo llena de tradiciones sin sentido, rituales y reglas, convenció a sus padres para que le permitieran dejar de ir con ellos. Estaba tan decidido a decirle adiós a la religión que hizo un pacto con su mejor amigo para no volver a pisar una iglesia nunca más. Le dijo adiós a Dios y a esa parte de su vida, y continuó hacia delante.

Cuatro años después conoció en el trabajo a una joven que lo cambió todo. Se hicieron amigos, y en el trabajo ella compartió con él su reciente relación con Dios con más pasión y gozo de los que él había visto nunca. Ella tenía una forma de expresar su fe en Dios que le hacía pensar que ella tenía lo que Dios debía querer que todos tuvieran. Aún no estaba convencido de querer tener algo que ver con el Dios o la iglesia de ella, pero le encantaba escuchar sus historias de las reuniones, ensayos de alabanza, estudios bíblicos, y otras cosas. Ella abrió para él un nuevo aspecto de Dios que nunca antes había encontrado. Durante más de un año su amistad fue creciendo cada vez más, y con cada una de sus historias él comenzó a ver a un Dios al que estaba dispuesto a conocer mejor.

Su primera experiencia con nuestra iglesia no fue en uno de nuestros servicios. Georgina y yo estábamos enseñando sobre las relaciones en un mini grupo, y él accedió a asistir con ella. Algunos dijeron que solo accedió a ir porque quería tener una relación con ella más allá de la amistad, y probablemente tenían razón. Pero en el plan perfecto y poco ortodoxo de Dios, Él la estaba usando para llamar de nuevo a Derick a encontrarse con Él.

Derick comenzó a asistir cada semana a nuestro estudio bíblico, y poco a poco comenzó a abrirse más a la posibilidad de algún día visitarnos un domingo. Seis meses después había aceptado a Cristo, había experimentado la salvación por primera vez, y asistía con regularidad. En ese tiempo nuestra iglesia aún estaba creciendo, y comenzaba a necesitar un equipo. Me enteré de que Derick tenía algo de experiencia con computadoras, así que le invité a comenzar como voluntario en el equipo, como diseñador gráfico. Se convirtió en nuestro primer diseñador gráfico oficial y el cuarto miembro de nuestro equipo. Dios comenzó a usar a este joven recién convertido y descalificado para ayudar a construir nuestra iglesia.

Según crecía en su relación con Dios, la vida de Derick cambió radicalmente. Se casó con esa joven cuyas historias de fe le habían llevado a Cristo, se convirtió en padre, y fue transformado para llegar a ser uno de nuestros principales líderes. Hoy es uno de nuestros pastores asistentes, y está comprometido a ayudar a los que se han alejado totalmente de Dios a encontrar su camino de regreso. Dios tomó a este hombre que se alejó de Dios, rompió sus reglas y excusas, volvió a dar propósito a su vida, y lo llamó a ser un cartel publicitario de una relación paradójica con Dios.

Quizá estés en el mismo lugar que estaba Derick. Puede que estés listo para alejarte de Dios porque nunca le has experimentado fuera de una religión. Quizá ya le has dicho adiós, y has pasado página. Pero al igual que Derick, Dios enviará a la persona menos pensada en tu vida para presentarte a un Dios mucho mayor del que has conocido jamás. Y puede que te lleve de regreso a Él y a la iglesia local mediante una puerta poco convencional como un mini grupo. La historia de Derick es una de las razones por las que creemos que la vida de la iglesia está en los grupos de vida, o los mini grupos, que tenemos cada semana. Son lugares donde podemos llevar la iglesia y a Dios a las personas que más le necesitan, pero que no quieren volver de la manera tradicional. Cuando no limitamos las formas en que Dios alcanza a las personas, le damos espacio para ampliar nuestras paredes y crear puertas a través de cada aspecto de nuestra vida y ministerio.

La buena vida que Dios nos ha prometido a ti y a mí no se halla tan solo en encontrar al Dios que rompe las reglas. Se desata cuando ajustamos nuestra vida para seguir sus paradójicos métodos, obedecer sus planes poco ortodoxos, y encontrar nuestra nueva identidad en este llamado y propósito recién hallados. No importa cuál sea el capítulo que pienses que has cerrado en tu vida con Dios, nunca subestimes la capacidad de Dios de llamarte de regreso a casa. Y no solo a ti, sino también a los que han tirado la toalla y tienen que escuchar tus historias de fe con pasión y gozo que les lleve a querer experimentar lo mismo para ellos mismos. Usarnos a ti y a mí para ser sus representantes para este mundo es un plan absurdo de evangelismo, ya que estamos llenos de imperfecciones que no reflejan su perfección. Sin embargo, Dios prefiere hablarle al mundo de su gracia para nuestras imperfecciones, que sobre su norma de perfección que nunca podríamos conseguir sin Él.

Por nosotros mismos somos los menos probables, los menos calificados, y la opción menos obvia para cambiar el mundo para Él, pero de nuevo, lo mismo sucedía con los discípulos. Los discípulos eran tan solo doce hombres comunes que siguieron a un Salvador extraordinario. Cuando Jesús murió y la misión que dejó era evangelizar el mundo, estos hombres no hubieran sido nuestra primera opción. Como conjunto, eran intolerantes, egoístamente ambiciosos, materialistas, reservados, impulsivos, intensos e incluso negativos y pesimistas. Además de todo esto, eran aprendices lentos y espiritualmente inmaduros. Pero también fueron moldeables y creyeron quién era Jesús, aún cuando no creían en sus métodos. Amaban y admiraban a Jesús personalmente. Querían ser los hombres correctos a pesar de que sabían que no daban la talla.

Lo que les hizo ser la elección correcta es lo que nos hace a nosotros hoy ser la elección correcta: un amor por Jesús que va más allá de nuestra devoción personal a cualquier otra causa. La única calificación que verdaderamente los calificó a ellos para cambiar el mundo después de la resurrección de Jesús fue que le amaban más que a cualquier otra cosa en el mundo. Más que a las Escrituras, más que a una iglesia, más que a las doctrinas, y más que a cualquier otra causa religiosa.

Ellos amaban todas estas cosas profundamente, pero solo porque *primero le amaban a Él.*

Tu amor por Él en primer lugar y por encima de todo es la clave para amar todo lo que Él ama, y entrar en la buena vida que viene de vivir en su abundancia. Cuando lo amas a Él, amarás de forma natural las Escrituras porque querrás conocer sus palabras, sus pensamientos, sus planes y su verdad. Cuando lo amas a Él, amarás su iglesia porque querrás estar junto a otras personas que lo aman, y querrás ser parte de la novia que Él viene a buscar. Cuando lo amas a Él, querrás conocer sus doctrinas para poder estar cimentado en sus principios, incluso cuando sus métodos cambien. Y cuando lo amas a Él, querrás hacer tuya su causa. Amarlo a Él y amar todo lo que Él ama se convierten en cosas sinónimas a medida que tu vida se agranda lo suficiente para incluir todo lo que Él quiere hacer a través de ella.

En vez de dividir tu vida en secciones separadas, con Dios, la iglesia y el ministerio solamente como partes de un todo, tu vida entera ahora fluye de Él hacia todo lo demás. Cuando esto se convierte en tu manera de procesar cuál es tu prioridad, caminas con mayor fortaleza, mayor poder y mayor autoridad.

TRABAJAR EN EL PASADO, PRESENTE Y FUTURO

En la parte final de la vida de David, él sabía lo que era poner a Dios en primer lugar, y sabía lo que era ponerse a él primero. Había vivido yendo en pos de lo que Dios quería, y había vivido yendo en pos de lo que él mismo quería. Había conocido lo que significa experimentar la bendición de Dios y sus consecuencias. Había vivido en la libertad de caminar cerca de Dios, y había vivido en las limitaciones de caminar lejos de Dios. Tras todas sus etapas de ir y venir con Dios, él regresa deseando ninguna otra cosa que no fuera Él:

> *Dios mío, yo quiero hacer siempre lo que tú ordenes; ¡enséñame a hacerlo!*
> *Pon en mí este único deseo: ¡adorarte sólo a ti!* (Salmos 86:11 TLA)

Es casi como si David estuviera diciendo: "De acuerdo, Dios, seamos honestos. He vivido a mi manera durante un tiempo, he querido demasiadas cosas para mí mismo, y ahora necesito que me enseñes *de nuevo* a hacerlo a tu manera. Entonces no querré ninguna otra cosa que no seas tú". Está en un momento en su vida en el que lo único que quiere es regresar a un lugar en el que Dios sea lo primero.

¿Acaso no hemos llegado todos a ese mismo lugar en algún momento en nuestra vida? Quizá sabes lo que es vivir con reglas, y sabes lo que es vivir sin reglas. Quizá sabes lo que es ir en pos de lo que Dios quiere, y sabes lo que es ir en pos de lo que tú quieres. O tal vez sabes lo que se siente al experimentar la bondad de la bendición de Dios y caminar en la dolorosa realidad de sus consecuencias. Y ahora estás en el punto donde estás listo para comenzar de nuevo, y dejar que Dios te muestre otra vez cómo quiere Él que vivas para que lo único que quieras sea solamente a Él otra vez. Recuerda que David conocía muy bien a Dios antes de escribir este salmo. No le está pidiendo que le enseñe algo nuevo, sino más bien le está pidiendo que le enseñe algo otra vez de una forma nueva. Dios siempre nos llevará de nuevo a un lugar en el que nos damos cuenta una y otra vez de que una vida con Él es lo único que necesitamos verdaderamente.

Vivir la buena vida en Dios es ser capaz de tomar la sabiduría del pasado, y aplicarla a las realidades del presente para poder estar mejor preparado para lo que viene. Es mirar atrás a las reglas que antes te limitaban para poder tomar decisiones distintas hoy, a fin de poder vivir libre durante el resto de tu vida. Es honrar cómo el pasado te posicionó para el presente, mientras mantienes tus ojos en el futuro. Es poder ver lo que hiciste bien ayer para que puedas tener hoy el ánimo necesario para seguir persiguiendo un mejor mañana.

> **Vivir la buena vida en Dios es ser capaz de tomar la sabiduría del pasado, y aplicarla a las realidades del presente.**

Cuando le das permiso a Dios de obrar en tu pasado, presente y futuro, Él usa la paradoja de su omnipresencia para romper las reglas que te impiden vivir tu futuro. Es la capacidad de Dios de usar las cosas de tu pasado para diseñar quién eres en el presente, lo cual asegura tu futuro. No tenemos el privilegio de ver cómo nuestro pasado, presente y futuro se reflejan entre sí, así que somos tentados a abandonar cuando no podemos ver la luz al final del túnel. Pero Dios rompe las reglas de cómo funciona el tiempo, ya sea a tu favor o en tu contra, para recordarte que Él te escogió y te llamó por su amor, que existía antes de que comenzara el tiempo.

Aunque el mundo pueda tener una variedad de imágenes, teologías y personas para explicar y describir a Dios, Él está más interesado en cómo le ves *tú*. Él está dispuesto a superar todo obstáculo religioso entre Él y tú para llamarte del sucio, inepto e improbable lugar de tu vida para ungirte, santificarte y reivindicarte, a fin de que coloques tus creencias teológicas solamente en Él. Él está comprometido a exponer, confrontar y abolir las reglas que te han separado de Él, aunque eso signifique que tenga que exponer los lugares en ti que están atascados en rutinas religiosas. Tu vida no es distinta a la de David. Dios hará cualquier cosa y todo lo que esté a su alcance para llamarte del campo, ungirte para la mesa de la promoción, y guiarte a través del proceso de entrar en el linaje de realeza que existe en ti por causa de Él. Él no se rendirá ni dejará de perseguirte hasta que finalmente sepas, creas y aceptes las paradojas de su amor y su gracia, que demuestran que Él es el Dios que rompe las reglas por ti.

CUANDO LAS REGLAS YA NO TE GOBIERNAN

El diccionario define la palabra *paradoja* como una afirmación o proposición aparentemente absurda o contradictoria que cuando se investiga o se explica puede demostrar estar bien fundada o ser verdad.

A través de la vida del David bíblico y las historias de los David actuales que se están levantando por todo el mundo, Dios está demostrando que cada afirmación absurda y contradictoria acerca de que Él es el Dios que rompe las reglas en verdad es cierta. Mediante las paradójicas historias, aprendemos que hay una verdad absoluta en el hecho de que Él llamará a los descalificados desde los lugares más insospechados, para posicionarlos, promoverlos y favorecerlos.

De hecho, sabemos que Dios rompió las reglas ambientales, culturales y sociales para revelarse a la humanidad. Podemos saber con certeza que en la naturaleza de Dios está el santificar a las personas más sucias a través de la pureza de la gracia que llegó mediante su Hijo. Toda esta verdad llega a nosotros hoy para ayudarnos a que tengamos la revelación mayor de quién era Él, es, y siempre será: el Dios que rompe las reglas.

Aceptar la verdad de las paradojas de Dios no es solo conocimiento. Es una revelación mayor de su naturaleza, su carácter y su plan para tu vida. Es la revelación de su autoridad por encima de todas las reglas de hombres que obstaculizan. Es una revelación que te empuja, impulsa y mueve a creer que el mismo poder para vivir más allá de las reglas también existe en ti.

Es tiempo de romper las reglas declaradas y las no declaradas que han limitado tu fe en Dios, en ti mismo y en tu futuro, creyendo más en lo que Él *dice* que en lo que las *reglas* dicen. Es tiempo de creer en la capacidad de Dios para verte, verte de verdad, mediante sus lentes y su punto de ventaja, en vez de creer las mentiras que se han formado por lo que te sucedió en el pasado. Es tiempo de dejarte a ti mismo ver y experimentar las partes de Dios que han estado escondidas tras un velo de reglas religiosas, estipulaciones y normas que solo hablan el lenguaje de la perfección o el castigo.

Es tiempo de comenzar un nuevo capítulo en tu relación con Dios, que ya no esté lleno de páginas y páginas de reglas.

La pizarra ahora está en blanco, las páginas ahora están vacías, y la libertad para vivir libre de unas reglas rígidas y limitantes está lista para que las paradojas de Dios puedan escribir sobre ellas. Su mano de gracia y verdad te lleva de la mano hacia el camino desconocido de tu futuro. Y aunque puede que aún sea desconocido para ti, el Dios que te conoce desde que naciste siempre lo ha conocido. Él es el Dios que envió a su Hijo a salir del cielo para que tú pudieras entrar. Él es el Dios que pagó un precio tan grande para que tú puedas ver la grandeza que hay en ti. Él es el Dios que abre de par en par sus brazos para redimir tu pasado, tu presente y tu futuro.

Y Él es el Dios que rompió las reglas para hacerlo.

RECONOCIMIENTOS

Antes que todo a Jesús, quien rompió las reglas por mí, y continúa rompiendo mis reglas cada día. Nunca hubiera podido imaginar todo lo que he visto, experimentado y vivido, pero siempre fue parte de Tu plan para mi vida. Estoy eternamente agradecido.

A mi fiel, preciosa e increíble novia, Georgina, quien ha creído conmigo, construido conmigo, y roto reglas conmigo para ver corazones convertidos desde el día uno. Emocionada por todo lo que nos espera en el futuro. ¡Siempre te amaré, Georgi!

A mis regalos más grandes: Selena, Joey, Crystal, Abraham, Carissa, TJ, Alexis, Angel, Miracle Joy, JJ, y Gracin, quienes me han traído una intensidad de gozo que nunca podría expresar en palabras. Yo veo el llamado de Dios en cada uno de ustedes, y estoy orgulloso de su pasión y su búsqueda no convencional en pos de Jesús. El mundo espera por ustedes.

A mis hermanos, hermanas, y familia, quienes han sido una fuente constante de amor y lealtad. Más que nunca antes, estoy orgulloso de quienes son, a quien representamos, y en quienes estamos llegando a ser. Gracias a cada uno de ustedes, la familia De La Mora tiene un legado que permanecerá toda una vida.

A mis pastores, Art y Kuna Sepúlveda, quienes nunca han flaqueado en su amor, en creer en mí, y en su cobertura sobre mí. Gracias por cada llamada telefónica, cada palabra de sabiduría, y cada oración. Sus voces continúan siendo las voces que hacen la diferencia en mi vida.

A nuestra fabulosa familia de *Cornerstone Church*, que ha escogido vivir desde las paradojas de Su gracia y verdad, para ver realizarse la visión y la misión de *Cornerstone*. A través de sus historias, el mundo conocerá el amor fuera de lo común, no convencional e innegable de Dios.

A nuestro maravilloso personal, asistentes de pastores y líderes de *Team 12*, que han entregado sus vidas para honrar el pasado mientras se mantienen ferozmente leales al futuro. La Pastora Georgina y yo damos gracias por vuestras familias, su liderazgo, y su disposición para seguir creciendo con nosotros. ¡Lo mejor para nosotros está aún por venir!

Para Leticia Ventura, por ser el brillante "disco duro" humano que puede asimilar y conjugar mis pensamientos de maneras que solo Dios puede haber ordenado. Y gracias a toda la familia Ventura, Derick, David, Bella, Ava, y Ella, por escoger cada día ser una familia que se mantiene diciendo "sí".

A todo el personal de Whitaker House, quienes creyeron en el Dios que rompe las reglas, y también creyeron en mí personalmente. Gracias por ser editores que verdaderamente quieren glorificar a Dios por medio de la palabra impresa.

ACERCA DEL AUTOR

Sergio De La Mora es el fundador visionario y pastor de la iglesia Cornerstone en San Diego, evaluada como una de las iglesias de más rápido crecimiento en Estados Unidos. Llamado el "Especialista en cambio", ha influenciado a una comunidad multigeneracional y multiétnica, tanto en inglés como en español, durante casi veinte años. Su pasión y visión de plantar iglesias con el propósito de alcanzar un nuevo territorio para Cristo le condujo a lanzar campus satélites en La Jolla y San Marcos en California; en Tucson, Arizona; en Tijuana, en la prisión de Tijuana; y en Ciudad de México.

Sergio también fundó la Conferencia *The Heart Revolution* (La Revolución del Corazón), la cual reúne a líderes conocidos de toda la nación para revolucionar los corazones de la siguiente generación. Esta conferencia internacional ha crecido anualmente hasta convertirse en una de las reuniones de liderazgo con más expectativa de Estados Unidos. Es el cofundador de *Turning the Hearts Centre* (Centro para Cambiar los Corazones), una organización sin fines de lucro diseñada para capacitar a los jóvenes y las familias, y restaurar la unidad nacional y la autosuficiencia mediante una variedad de programas y materiales de apoyo, entre los que se incluyen un Centro de Distribución de Alimentos que alimenta a cientos de familias de la comunidad mensualmente.

El inspirador libro de Sergio, *The Heart Revolution*, se publicó tanto en inglés como en español. Sergio vive en San Diego con su esposa, Georgina, y sus seis hijas.